EL OTRO LADO DEL PODER

Claude M. Steiner PhD

con Agustín Devós Cerezo

EL OTRO LADO
DEL PODER

Este libro apareció por primera vez en una edición de Grove Press en 1981. Quedó descatalogado pocos años después, y desde entonces he estado distribuyendo una versión en fotocopias para aquellos que estaban interesados. Ahora, con la ayuda de Agustín Devós lo he revisado y actualizado.

Editorial Jeder
[jeder: uno cualquiera]
Sevilla – España

Título original:	THE OTHER SIDE OF POWER
© *Autor:*	Claude M. Steiner, PhD
© *Traducción:*	Agustín Devós Cerezo
© *De esta edición:*	Editorial Jeder
Colección:	Análisis Transaccional
Corrección:	Isabel Bono Domené Mariano Bucero Romanillos Francisco Jiménez Sequeiros
Maquetación:	Editorial Jeder
Diseño de cubierta:	www.3dearte.com

Primera edición:	Marzo de 2009
Segunda edición:	Diciembre de 2010
Tercera edición:	Mayo de 2016

ISBN:	978-84-944846-2-9
Dep. Legal:	SE-994-2009
Impresión:	Createspace

Impreso en Sevilla, España — *Printed in Spain*

© Gisper Andalucía, S.L. - Editorial Jeder
C/ Fernando IV, 7
41011 — Sevilla
www.jederlibros.com

A las influencias femeninas en mi vida, y en particular a

Gaiea
Valerie
Hedi
Ursula
Mimi
Hogie
Carmen
Becky
Melissa
Darca
Denali
Adriene
Jude
Diana

PRÓLOGO

Steiner declara *El otro lado del poder* como una continuación de su obra más conocida, *Los guiones que vivimos*. Ciertamente el libro que el lector tiene en sus manos desarrolla algunos temas ya planteados en el libro anterior como los juegos de poder o las relaciones cooperativas, pero es más que eso.

Claude Steiner es un autor atípico en la comunidad de analistas transaccionales, a pesar de que formó parte de la primera generación de transaccionalistas surgida de los seminarios de San Francisco que dirigía el propio Eric Berne. Desde el principio, fiel a su participación en movimientos de psiquiatría radical, su perspectiva teórica y profesional tuvo una clara orientación social y también política. En realidad esta orientación estaba también presente aunque subterránea en el propio Berne, pero en Steiner se hace claramente manifiesta. Si Berne pretendía fundamentalmente curar pacientes y grupos, Steiner pretende «curar» también la sociedad.

El otro lado del poder focaliza su mensaje en esta orientación social. *Los guiones que vivimos* es un libro sobre el guión de vida en el que se habla de los juegos de poder, los guiones de género o las relaciones cooperativas como aspectos importantes del crecimiento personal. *El otro lado del poder* nos habla de la liberación individual y social a partir de un análisis de las relaciones de poder, en las que los guiones tienen un papel importante.

El otro lado del poder constituye el libro básico de Steiner sobre su tema principal, al que no ha renunciado ya que en su última obra (*Emotional literacy*, 2003) retoma la cuestión del poder como la otra cara de la moneda de la alfabetización emocional y propone maneras sanas para usar las distintas formas de poder personal.

La visión sobre el poder de Steiner es típicamente transaccionalista ya que recoge una de las aportaciones, en mi opinión, más importantes del modelo berniano: es a la vez intrapsíquica y relacional.

Para Steiner el mal uso del poder consiste en utilizarlo para controlar a las otras personas. Estas relaciones manipuladoras se manifiestan en los juegos de poder en sus diversas formas (intimidación, mentiras, «todo o nada», control pasivo), y pueden tener éxito gracias a la vulnerabilidad de las personas a causa del «Padre Cerdo» llamado ahora «Enemigo», entendido como la voz de nuestro guión que nos obliga a tener comportamientos que libremente no escogeríamos.

El crecimiento personal consiste, pues, en evitar los juegos de poder, tanto los iniciados por uno mismo como los que nos llegan de los otros (nivel relacional), para lo cual es necesario saber controlar a nuestro «Enemigo» (nivel personal).

Pero Steiner, va más allá y propone las soluciones creativas basadas en sistemas cooperativos como la forma realmente sana de utilizar el poder. Las relaciones cooperativas cierran el círculo en su modelo ya que contemplan el intercambio sano de caricias positivas, la evitación de salvaciones (juegos psicológicos) y ciertas habilidades comunicativas para afrontar las situaciones emocionalmente difíciles.

Steiner es un autor consistente, en el sentido de que ha ido desarrollando las ideas centrales de su pensamiento a lo largo de los años. Así la ley de economía de caricias, el Padre Cerdo, las relaciones cooperativas, las relaciones entre los hombres y las mujeres, la alfabetización emocional, y, el poder como síntesis de todo ello, forman el núcleo de su teoría que ha ido desarrollando con los años utilizando el Análisis Transaccional como marco de referencia.

Este libro inicia una trilogía junto a los posteriores *When a man loves a woman* (1986) y *La educación emocional* en sus dos versiones (1997 y 2003), en los que el profesional o el lector interesado en comprender mejor su vida y relaciones encontrarán algunas de las claves del malestar social actual. No propone soluciones mágicas al estilo de la mala literatura de ayuda sino que propone un mapa de las cuestiones sobre las que las personas debemos reflexionar, nos recuerda que si no aceptamos la responsabilidad de nuestro crecimiento éste será improbable, y nos confronta también a nuestra responsabilidad social.

La puesta en práctica de sus propias ideas que Steiner hizo, hace ya años, en la pequeña comunidad de su rancho en Ukiah tuvo, en sus propias palabras, su lado positivo, y también sus dificultades, pero se ha mantenido fiel a sus principios. Sigue empeñado en mejorar la sociedad de este siglo XXI que anuncia cambios, no sólo tecnológicos, que sólo empezamos a entrever. La vieja y mítica California de los sesenta y setenta del siglo pasado ya no existe, pero sí perduran algunos de los problemas ante los que personas como Steiner no dudaron en plantar cara.

Hace algunos años, en una conversación personal, Claude me manifestaba su frustración y su decepción por no haber sido fiel a sus propias propuestas en la relación fracasada de su pareja de diez años. Sentía que se había traicionado a sí mismo y a los que compartían sus ideas. No recuerdo exactamente mi respuesta pero más o menos debió ser: «No voy a salvarte (y además no me lo permitirías) pero sé que de esta experiencia vas a aprender algo que te permitirá avanzar con más fuerza». Creo sinceramente que su énfasis en la educación emocional en los últimos años tiene su origen en aquella época.

Espero que el lector pueda extraer de *El otro lado del poder* provechosas ideas de crecimiento que sólo pueden surgir de

11

la coherencia teórica y práctica y de la congruencia de los principios y valores de los que ha hecho gala Claude Steiner en estos más de treinta años de dedicación constante a contribuir a tener una sociedad más cooperativa y sana.

Lluís Casado Esquius
Barcelona, octubre de 2008

RECONOCIMIENTOS

Este libro es una secuela de *Los guiones que vivimos*. En consecuencia, antes de nada debo dar las gracias a todos aquellos que contribuyeron a ese libro: en particular a Eric Berne, mi maestro, y a los miembros fundadores del movimiento de Psiquiatría Radical, especialmente a Becky Jenkins, Joy Marcus, Bob Schwebel, y Hogie Wyckoff, con quienes desarrollé mis primeras ideas relativas al poder y al abuso de poder.

Desde que comencé a trabajar en este libro, hace casi diez años, he tenido la buena fortuna de discutir el otro lado del poder con cientos de personas en conferencias y talleres, y en charlas de sobremesa tras la cena con estudiantes, amigos y colegas. Todos y cada uno de estos intercambios se añadieron a mi conocimiento sobre la cuestión, y quiero agradecérselo a todos aquellos cuyos intereses y comentarios me ayudaron a darle forma a las ideas expuestas.

También quiero dar las gracias (en orden aproximado de lectura) a Carmen Kerr, Fred Jordan, Anodea Judith, Robert Schwebel, Charlotte Sheedy, Katherine Williams, Bruce Carroll, Melanie Jenkins, Hogie Wyckoff, Ron LeVaco, Melissa Farley, Jayme Canton, Karen McNeil, Alan Rinzler, Ruth Capers, y a Barney Rosset por sus útiles comentarios y cuidadosas revisiones sobre el libro en sus diferentes fases de elaboración.

Debo dar un agradecimiento especial a Mimi Steiner y Caryn Levine, cuyas apreciaciones afectaron substancialmente la forma final del libro. Caryn, en particular, suministraba constantes comentarios a medida que mecanografiaba un borrador tras otro, y su huella impregna todo el producto final. No puedo agradecer lo suficiente su tarea en este libro. Los miembros del Colectivo de Psiquiatría Radical, del cual soy miembro, han producido con su crítica constructiva y apoyo una profunda impresión en mi pensamiento sobre el poder. Agradezco a Hogie Wyckoff, Becky Jenkins, Robert Schwebel, Beth Roy, Mary Selkirk, Darca Nicholson, Jude La Barre, Shelby Morgan, y a Jo Ann Costello su participación en mi vida y en mi trabajo como también a Kent Carroll por sus muchas sugerencias provechosas y por el trabajo de editar este libro y llevarlo a su forma final en inglés.

Finalmente, quiero dar las gracias a Agustín Devós Cerezo cuyo contagioso entusiasmo por mi obra y el AT revivió mi interés en la lengua española y en el otro lado del poder en los países —España y México— en los que me crié.

INTRODUCCIÓN

Siempre me ha interesado el poder. Cuando era un crío, construí una noria de agua que funcionaba y al girar me permitía fantasear con maquinaria movida por mi pequeño motor. Recuerdo vívidamente cómo, con unos catorce años y tras meses de trabajo empleados en una motocicleta gripada Royal Enfield de 1935 y 125 cc., conseguí finalmente que arrancase. Me pareció casi un milagro que el motor respondiese y la eché a rodar por las abigarradas calles de México D.F. La euforia del tirón que el pequeño motor daba a mis brazos y a mi asiento fue el estremecimiento más grande que había sentido hasta entonces. Llegué a engancharme a los motores, la gasolina, las motocicletas y a los coches, y aprendí a conducir al estilo *macho* de los conductores mejicanos de autobús. Ser propulsado por motores de combustión interna cada vez más potentes llegó a ser la principal ambición de mi vida.

En el instituto tuve un Ford Coupé del 38 trucado. Comparado con sus predecesores de seis cilindros en línea, aquellos motores de ocho cilindros en V de Ford eran toda una nueva manada de caballos. El sonido de esa máquina sedienta aspirando aire y gasolina, y la sensación de su aceleración, tras haber conducido unos mansos Dodges y Chevrolets, fue tan delicioso como las experiencias sexuales tan ansiadas y que parecía que nunca conseguiría. Me sentía débil, no me gustaba caminar, y los deportes me atemorizaban. Pero tener un coche me hacía sentir poderoso. Automóviles y dinero estaban íntimamente unidos. Más dinero significaba coches más potentes. Mi primer salario fue como mecánico de automóviles mientras estudiaba ingeniería en Los Ángeles, California, a mediados de los 50. Todo a mi alrededor conspiraba para mantenerme interesado en los caballos de potencia. Rodeado de gasolina barata, y millones de cochazos por las carreteras, en las tiendas y en las chatarrerías. La muchedumbre empleaba sus horas de ocio arrastrándose entre los semáforos. Lo que parecía desear todo el mundo eran caballos, y Detroit los suministraba. Volviendo a entonces, cualquiera que apenas lo quisiera podía conseguir 300 caballos (piénsalo bien, ¡300 caballos!) bajo el capó de un Chrysler yendo al distribuidor más cercano.

Estar involucrado con maquinaria y herramientas me hizo ser consciente de la labor de la fuerza física. Cuánta tensión era necesaria para aflojar una tuerca o un tornillo pero sin que se pasase. Cuánta palanca había que hacer para mover algo pesado. Cuánta presión se podía aplicar a una pieza de madera o metal sin que se combase o partiese. Dónde y cómo apretar o tirar para lograr el efecto deseado.

Me convertí en mecánico de coches, y la maquinaria aparece en muchos de los ejemplos de este libro, probablemente porque tuve las lecciones más satisfactorias sobre el poder mientras trabajaba con máquinas. Hasta entonces, mis experiencias habían sido más amplias con la impotencia. El sabor temprano que provenía del empleo de máquinas produjo una profunda impresión en mí.

Lo que aprendí de mecánica me resultó muy útil, pero también me generó una tendencia a pensar con metáforas mecánicas. El pensamiento mecánico —lógico, técnico, racional, lineal, científico— tan poderoso como pueda ser, también es incapaz de hablar de realidades como el amor, el odio, la esperanza, el temor, la alegría o la culpa.

Aunque recientemente empieza a sentirse un cambio en la dirección de una conciencia mas sofisticada, la mayoría del poder mundial está en hombres a quienes les gustaría pensar sólo de modo racional y científico (si bien el pensamiento que guía sus decisiones no siempre resulta científico ni racional). Para ellos lo que no pueda ser acotado por lo racional no es real, y por tanto las emociones no van a ser consideradas reales, importantes o válidas. Ya que yo mismo me crié pensando así, fui un iletrado emocional durante los primeros treinta y cinco años de mi vida. Era incapaz de explicarme o de entender las emociones propias o ajenas y actuaba como si las emociones no existiesen. Intentaba ser preciso y objetivo en todas mis decisiones, pero en realidad era guiado por mis emociones mientras ignoraba el mundo tangible de las emociones. A veces me encontraba insatisfecho con mi dominio de las cosas mecánicas. Debí haber notado que ese enfoque era limitado y que mis necesidades de poder estarían mejor satisfechas aprendiendo a controlar a la gente. Mi interés, lógicamente, se inclinó hacia la psicología. Primero pensé en la hipnosis. Fantaseaba con tener a la gente bajo mi control hipnótico, especialmente a las mujeres. Luego mi interés se volvió hacia la psicoterapia. Ser el Doctor, respetado, escuchado, amado por sus pacientes, era una ensoñación excitante. También me debió excitar la perspectiva de ser capaz de usar, desde una posición de poder, todas las maniobras controladoras que se habían usado conmigo y con otra gente impotente.

Por supuesto, los aspectos controladores de la profesión no fueron mi único interés. Había otra parte de mí; también disfrutaba con la idea de ser capaz de ayudar a personas, de ser capaz de dar consejo sabio y efectivo, y de enorgullecerme de mi maestría. Pero el deseo de control era inequívoco. Con el tiempo, conseguí doctorarme en psicología clínica, puse en marcha una consulta privada y obtuve coches más potentes, herramientas más poderosas, más dinero, e incluso más mujeres. Mis sentimientos de maestría y poder continuaron su aumento. Había conseguido el Sueño Americano. Pasó el tiempo y me di cuenta de que lo que había logrado no era el Sueño Americano, sino la Pesadilla Americana. Me di cuenta de que en realidad no controlaba mis sentimientos en absoluto, sino que eran ellos los que me controlaban. La cólera, la culpa, el temor y la envidia me afectaron constantemente. Me preguntaba si mi éxito y mis sentimientos de autodeterminación eran resultado de la suerte más que de un logro real. Llegué a darme cuenta de que mi control sobre otros era tenue y que, ocasionalmente, se podría volver en mi contra. Al final me enteré de las falacias sobre las que está basado el Sueño del Poder Americano, especialmente la creencia de que Control es poder. Lo que aprendí me impulsó a escribir este libro.

La lectura de *El otro lado del poder* puede resultar provechosa para muchas personas. La gente que se siente débil y que habitualmente es manejada y avasallada puede que quiera aprender cómo se lo hacen y cómo lo puede evitar. Aquellas personas que se sienten fuertes y tienen por hábito controlar a los demás se pueden sentir inquietas o francamente incómodas al respecto. Pueden aprender cómo dejar de abusar del poder sin transformarse en impotentes. Todos pueden aprender los muchos caminos al poder de que disponen, aparte del Control y la manipulación de los demás.

Tenemos mucho que perder al perseguir el usual Sueño del Poder; las probabilidades de que alguna vez seas capaz de lograrlo están muy en tu contra, de hecho son prácticamente nulas. Uno sólo necesita darle un vistazo a la distribución de los ingresos de la gente y ver que cada vez son menos los capaces de mantener la cabeza a flote para sostener sus hogares.

Hay poco hueco allá arriba, la competencia es feroz y sangrienta, y el llegar arriba es sólo el comienzo de la pelea. Puede que no permanezcas ahí por mucho tiempo; si lo logras será sólo mediante una lucha sin piedad. La broma más cruel de todas es que incluso si tuvieras éxito, tras años de esfuerzos agotadores para ser poderoso y rico y conseguir mantener tu riqueza, probablemente eso no te haría feliz. Muchas personas que han llegado a alcanzar el «sueño del poder» lo encontraron vacío y lo han abandonado; ha resultado ser un callejón sin salida.

Si tu reacción es una sospechosa «Eso es fácil para ti; tienes poder. ¡Yo quiero el mío y voy a por él!», con certeza que yo lo entendería y te desearía suerte. En cualquier caso, no estoy defendiendo la debilidad o la mansedumbre. Por el contrario, siento que la gente debería ser tan poderosa como posiblemente lo sean. Estoy hablando específicamente contra cierta forma de poder a la que llamo Control, que se fundamenta en explotar y manipular a otros. El Control hace que el poder esté disponible sólo para unos pocos ya que se basa en quitárselo a la mayoría. El Control es una lastimosa y parasitaria sangría de la fuerza de otras gentes para nuestro beneficio temporal. Voy a presentar el otro lado del poder, el cual todos tenemos a nuestro alcance: el sustancial, tangible, aprovechable, y duradero poder del amor, de la intuición, de la comunicación, y de la cooperación, pueden brindarnos lo que queremos y hacernos auténticamente felices.

PRIMERA PARTE

El Poder del Control

1. EL SUEÑO AMERICANO DEL PODER

En los años 70 cuando empecé a escribir este libro, había un resurgimiento del interés por el poder. Una larga lista aparece en la bibliografía. De todos los libros sobre el poder, el de Michael Korda, *Power! How to get it, how to use it* fue el más interesante para mí, ya que era tanto de fácil lectura como sofisticado. Resultó un auténtico *best-seller* porque hablaba de manera clara y directa sobre las realidades cotidianas del poder tal y como funciona en el corazón de la vida americana: el mundo de los negocios. De forma casi simultánea con el libro de Korda, *How to win through intimidation* de Robert Ringer, también llegó a ser un *best-seller* inmediato. El libro de Ringer fue menos intrincado y reflexivo, con los pies más en la tierra; es la versión de bolsillo del libro de Korda. Ambos retratan fielmente el tipo de relaciones de poder en las que estamos inmersos, tanto si estamos en el mundo de los negocios como si no, dado que las prácticas competitivas de los negocios impregnan nuestra vida.

El libro de Korda es una enciclopedia de observaciones sobre el comportamiento de poder. Estoy seguro de que este libro lo ha leído todo aquel que es alguien en el mundo empresarial, y me figuro que ha tenido un efecto claro en el comportamiento de poder en la industria y el comercio. Korda se fija en la importancia de los maletines, relojes, zapatos, y trajes que se usan. Propone que los oídos, narices, ojos, y pies son tan importantes como dónde nos sentamos en nuestra oficina o en la de otros, cómo nos desplazamos en una fiesta con los de la oficina, o cómo respondemos al teléfono.

23

Afirma que todas estas cuestiones están relacionadas con nuestro nivel de poder.

A medida que leemos las observaciones de Korda sobre las superficialidades del comportamiento de poder, enseguida nos damos cuenta de sus más profundas convicciones. Casi al principio del libro cita a Heinrich Von Treitschke:

> Tu vecino, incluso aunque se te pueda mostrar como tu aliado natural frente a otros poderes a los que ambos temáis, está siempre preparado para a la primera oportunidad, y tan pronto como lo pueda hacer con seguridad, mejorar su posición a tu costa... Todo aquel que yerra en aumentar su poder debe disminuirlo si otros incrementan el suyo.

Es interesante señalar cómo Korda, al igual que tantos otros escritores de la materia, quiere aparentar ser un simple investigador de las cuestiones del poder; alguien que, él mismo, está por encima de prejuicios y preferencias. No obstante, su aproximación está ampliamente contaminada. En una entrevista en *Mainliner* en marzo de 1977, Korda definía de manera extremadamente precisa el poder como «la habilidad de controlar a la gente, los acontecimientos, y a uno mismo... En una palabra, poder es control». También sutil, pero muy claramente, admira el abuso de poder: «una definición de poder a la que tengo afición: es el nivel desde el cual tú puedes hacer esperar a otros en vez de tener que esperarlos tú a ellos».

En su definición de poder como estrictamente una cuestión de control, Korda sigue la visión más común. Esta noción recurrente está compartida por la mayoría de escritores sobre la materia; el único desacuerdo parece estar en si el poder (el Control) es bueno o si es malo, deseable o indeseable, y Korda parece admirar a la gente que es poderosa pero que usa su poder sobre otros suave y elegantemente. Por ejemplo, habla casi cariñosamente de David Mahoney, el presidente de cincuenta y dos años y director ejecutivo de

Norton Simon, Inc.», cuya oficina «parece haber sido diseñada para reflejar la presencia del poder y el dinero, con un estilo tranquilo y de seguridad peculiar de la América de finales del siglo XX». Describe los muebles de acero y piel, enormes cuadros abstractos; todo es bueno y caro, «[...] lo que marca la diferencia es el dinero». Describe sus ojos: grandes, inteligentes, hipnóticos, sin pestañeo, fríos, astutos. Mahoney parece ejemplificar el ideal de Korda del poder y el éxito. Oficinas impresionantes, limusinas, empleados obedientes y eficientes, grandes gastos, servicio; en resumen, máximo control, mínimas molestias.

La admiración casi ciega de Korda por David Mahoney está en claro contraste con su desdén por el uso incompetente del Control. Por ejemplo, cree que todos los abusos de poder cometidos por la Casablanca de Nixon en el escándalo de Watergate eran en realidad el resultado de «la sensación interna de incapacidad que les hizo temer que no tenían derecho para estar allí y que podían en cualquier momento ser descubiertos, revelándolos tan débiles como cualquier hombre ordinario». Para él, el fracaso de Nixon y su equipo vino porque tuvieron un alto nivel de autocompasión:

> Y la autocompasión no es una emoción que conecte con la sensación de poder. Es más, te lleva inevitablemente a errores, a la ineficiencia, y a la mala gestión. Un grupo verdaderamente poderoso de hombres podrían haber tenido éxito al asaltar la oficina del psiquiatra de Daniel Ellsberg, o al pinchar la línea telefónica de Carry O'Brien, y ninguna actuación hubiera parecido insufriblemente dificultosa.

En otras palabras, Korda parece sentir que el gabinete de Nixon simplemente fue ineficiente en el uso del poder. Si hubieran sido efectivos, parece que Korda los hubiese admirado y no hubiera pensado dos veces en el daño que pudieron haber infringido al pueblo americano. Si Nixon hubiera tenido éxito, la actitud de Korda podría ser similar a su actitud respecto a David Mahoney; Korda no aprecia las exhibiciones crudas de poder y, con un ejemplo tras otro, en su libro valora las maniobras con el mismo objetivo —el Control— mientras sean sutiles, elegantes, suaves y reservadas. Es un gourmet del abuso de poder; es bueno tener poder y usarlo para controlar a otros mientras se haga con estilo. Por supuesto, la máxima elegancia está en la capacidad de parecer no tener poder alguno cuando se es todopoderoso: «El tipo de poder americano contemporáneo consiste en parecer que no se tiene ninguno».

En contraste con el apoyo velado de Korda al abuso de poder, Robert Ringer en *Winning through intimidation* se tira directamente a la arena y nos asegura por principio que sólo existen tres tipos de personas y todas ellas están ahí para fastidiarte, por lo que no necesitas tener dudas en ninguna conducta depredadora por tu parte.

Los del Tipo nº 1 te dejan claro desde el principio que están ahí para quitarte hasta la última migaja y que eso es lo que intentan hacer.

Los del Tipo nº 2 te aseguran que no están interesados en tomar tus fichas y dejan caer que quieren juego limpio contigo. Es entonces cuando intentan coger lo tuyo igualmente.

Los del Tipo nº 3 te aseguran que no están interesados en tomar nada de lo tuyo, y lo dicen con sinceridad. Al final, y debido a una serie de razones, ellos, al igual que los Tipo nº 1 y los Tipo nº 2, también terminan intentando quitarte lo tuyo. Su lema es «De verdad que no quería cortarte la mano, pero no me quedó más opción cuando intentaste recuperar lo tuyo».

Según Ringer no existen los Tipo nº 4: tienes que elegir entre los nº 1, nº 2, y nº 3. En otras palabras, que no existe el tipo de persona que no intente quitarte tus cosas sino solamente diferentes niveles de decepción propia.

Ringer llama a estos tres tipos sus catedráticos de la Universidad de la Jodienda. Si se les preguntase, me imagino que Korda podría parecer estar indeciso sobre cuál sería su preferido entre estos tres tipos, mientras que la mente de Ringer estaría confusa. El Tipo nº 1, el zorro honrado (por su evidencia) es su claro favorito, dado que preferiría tratar con un competidor evidente en vez de con alguien del Tipo nº 2, que tiene todas las intenciones de joderle, pero que camufla sus intenciones lo suficiente como para confundir a sus víctimas. Pero el Tipo nº 3, el zorro con alma, podría ser el favorito de Korda, ya que parece que para él el truco está en «hacer que la gente haga lo que tú quieres que hagan, y que les guste, persuadirlos de que quieren lo que tú quieres».

Korda y Ringer reflejan lo que está sucediendo en una porción muy grande e influyente del mundo de los negocios. Un mundo en el que el poder, como dice Korda, simplemente se ha vuelto «un medio de protegernos de la crueldad, la indiferencia y la rudeza de otros hombres», y habitado por Tipos nº 2 y nº 3.

En cualquier caso, a pesar del cinismo de estos análisis, sería estúpido ignorar las clases de poder y sus usos tal como los describen Korda y Ringer. Después de todo, y tal como dice Korda en la entrevista en *Mainliner*:

> Hay un total exacto disponible en una situación determinada en un momento dado, y lo que tú tengas disminuye lo que otro tiene de ese total. Tu ganancia es la pérdida de alguien; tu fallo es la victoria de alguien.

Desde la misma perspectiva, R. H. Morrisson, presidente de Securities Management Associates, escribió *Why sons of bitches succeed and why nice guys fail in small business*, en cuyo capítulo dos nos mostrará «cómo joder a tus empleados antes de que ellos te jodan a ti, cómo tenerlos sonrientes con un salario bajo, cómo mantenerlos en trabajos mal pagados, y cómo contratar y despedir de tal manera que siempre ganes dinero». El capítulo ocho te enseñará «cómo estrujar a tus competidores hasta dejarlos secos, cómo jugar a la manera de Rockefeller, IBM, General Motors y otros grandullones: jugar para ganar». Con las técnicas del perfecto H. de P. de este capítulo «podrás enterrar a la competencia y reírte mientras te diriges al banco». En el capítulo cuatro «descubrirás cómo ganar cada jodido concurso al que acudas siendo más zorro que ellos y enmierdándolos a cada paso que den».

Este libro confirma la visión que Korda y Ringer tienen del mundo. Como dice Morrisson, «todos los pequeños empresarios necesitan este libro, incluidos los buenos tipos, para protegerse de los H. de P.». No le preocupa especialmente a quién vende su libro: un pavo es un pavo, tanto si viene de un H. de P. como si lo hace de un mamón. Preocuparte por tus vecinos es toda una chaladura. La conciencia, la corrección, la generosidad, el compartir, o la cooperación no merecen la pena. Solamente una cosa importa en realidad: el Control y la acumulación de poder, y preferiblemente en forma de dinero.

Ciertamente, estamos tan inmersos en ese mundo que es difícil ver qué tiene de malo este enfoque vagamente nietzscheano. El Control, el poder y el dinero realmente son muy atrayentes, ¿no? ¿Qué otras cosas pueden hacernos sentir tan bien? El amor, la generosidad y la igualdad suenan bien pero no podemos alimentar a nuestros hijos con eso.

En su siguiente libro, *Success!*, Korda nos provee con un conjunto de guías de mano que deberían aclarar tus dudas de una vez por todas. Aquí va un resumen de lo que dice: Está bien ser ambicioso y avaricioso. Está bien ser maquiavélico si no te pillan y escapas indemne. Está bien reconocer que la honradez no es siempre la mejor táctica con tal de que no lo vayas pregonando. Está bien pasarlo bien y ser un triunfador. Y sí, siempre es bueno ser rico.

Por desgracia, mucha gente que está intentando que su vida funcione adquiere estos puntos de vista, y también a menudo asume que éste es el mejor camino para lograrlo. Conduciéndose según este estilo de vida competitivo, están dejándose atrás todas las diversas opciones en las que la consecución del poder no depende de reducir el de nadie, o de arriesgar el propio, en un juego competitivo. Al mismo tiempo, los que se comportan según el Sueño de Poder encontrarán que la actitud descorazonadora sobre las personas y los sentimientos requeridos por este enfoque tiene muchas consecuencias silenciosas: matrimonios alienados, divorcios desagradables, amistades arruinadas, enfados, disgustos, hijos drogadictos, úlceras, hipertensión, o enfermedades coronarias.

Al final, descubrirán que tras gastar sus años «productivos» persiguiendo enfebrecidamente el poder del Control y siendo negligentes con sus relaciones de intimidad, la siguiente generación de competidores estará encantada de aplicarles el mismo tratamiento que ellos dieron con entusiasmo a sus precedentes. De hecho, en su libro, el mismo Korda nos provee de un método paso-a-paso escalofriante y subterráneo para los jóvenes ejecutivos que quieran quitarse de en medio a los directivos de más edad en una sección titulada «Por lo tanto deben los hombres resistir su partida...». Pensar que puedes llegar a ser poderoso con los juegos de Korda, Ringer y Morrisson es como andar por un casino creyendo que puedes hacer trampa y ganar. Todo está en tu contra: eres como el inocente corderito puesto de cebo en el anzuelo por aquellos de las caras sonrientes que están preparándose para trasquilarte. Tus posibilidades de ganar son muy, muy bajas. Si por alguna casualidad ganas, tienes que estar el resto de tu vida en la cuerda floja, como un zorro a la espera de la próxima víctima, vigilando tu espalda por si vienen otros depredadores que te puedan hacer lo mismo. ¿De verdad quieres vivir así?

La ironía última es que, al final, Robert Ringer, quien desarrolló el método Ringer para la venta de automóviles en el que nos decía cómo intimidar y joder a nuestros vecinos, pasó de ser un Catedrático Tipo nº 1 de la Universidad de la Jodienda, a convertirse en un filósofo para la «libre empresa». En su siguiente libro, *Restoring the American Dream*, actualizó su trabajo y lo revendió en un nuevo envase, bajo la forma de un tratado sobre la libertad, el individualismo, y el Sueño Americano. Según él, el Sueño Americano ya está muerto o a punto de estarlo. Culpa de su muerte a los políticos, al gobierno y al exceso de normativas de nuestros hombres de negocios. De acuerdo con Ringer, «América no puede funcionar si no tiene gente rica, ya que ellos son la espina dorsal de la productividad, el empleo, y de una vida mejor para todos». Quiere que cedamos la parte de nuestros sueños que hemos abandonado a los tíos ricos, quienes ya han conseguido quedarse a dos dedos de lograr los suyos, por lo que nos los pueden chupar completamente y de una vez hasta dejarnos secos. El aplomo con el que Ringer expone sus ideas solamente puede ser comprendido si se recuerda que él es, antes que nada y sobre todo, un vendedor. Todo ello suena de alguna manera tan plausible. ¿Cómo llegan a ser los ricos la espina dorsal de la productividad? ¿Qué ocurre con los trabajadores?

No olvidemos que si el Sueño Americano está muerto, fue matado por los avariciosos, los individualistas egoístas, los barones ladrones, las corporaciones multinacionales que en nombre de la libre empresa no se detenían ante nada en su persecución por el poder, el control y el todopoderoso dólar. La normativa gubernamental es un esfuerzo débil e ineficaz por pararlos.

Hace unos años, cuando empecé a otear el Sueño Americano, estaba poderosamente orgulloso de mis logros. No veía cuánto de lo que estaba consiguiendo era el resultado de mi óptima posición para hacer uso de recursos que en su mayoría no me eran propios. Yo era el privilegiado hijo varón de unos padres educados y blancos en una tierra y una época de abundancia. Me parecía (a mí y a otros en posiciones igualmente privilegiadas) que con algo de trabajo duro cualquiera podría hacer un triunfo de ello. Aquellos que no lo lograban eran unos vagos o unos lerdos. No me daba cuenta de que mucha otra gente trabajaba el doble de duro que yo, y en absoluto triunfaba. Desconocía que gente tan lista y tan trabajadora como lo era yo iba por la vida incapaz de cubrir sus necesidades básicas y llegaba a sus años «dorados» en la más abyecta pobreza, si es que vivían hasta entonces. Lo que pasaba es que me hallaba dentro de la décima parte de arriba, del uno por ciento superior de una pirámide mundial que encaminaba sus recursos hacia mí como un embudo, y yo no me daba cuenta. En otras palabras, yo era un tonto encantado conmigo mismo. Estaba estafando sin enterarme; mi poder no era realmente mío. En gran medida su origen provenía de otra parte, que yo erróneamente me atribuía en exclusiva. Inevitablemente, iba encaminado en la dirección de la frustración. Realmente no tenía derecho a los sentimientos de maestría y poder de los que disfrutaba. Se fundamentaban en la usurpación involuntaria de los derechos de otras personas. A medida que era más consciente de la realidad de mi posición en la «orilla de los triunfadores», tenía cada vez más dificultad para reafirmar mis privilegios, ya que vi que mi poder se basaba en el desapoderamiento de otros.

Hace muchos años y a resultas del movimiento de los derechos civiles empecé a curiosear las realidades de mi privilegiado sueño. Por supuesto, sabía que los negros estaban sometidos en este país, pero no me había parado a pensar sobre cómo su opresión me beneficiaba personalmente. A medida que los negros se rebelaban, se volvían exigentes, oponían resistencia, y comenzaban a obtener mejores trabajos y salarios, yo iba siendo capaz de sentir la esencia de sus demandas. La mujer que limpiaba en mi casa quería que le subiera la paga, y no lo solicitaba de manera amigable precisamente. Los «morenitos» dóciles que me solían hacer las tareas domésticas se estaban convirtiendo en negros enfadados que realizaban trabajos que a mi parecer eran incapaces de realizar con efectividad. Aún así mi vida, perfectamente aislada de lo suburbano, apenas fue tocada por esos acontecimientos, y

31

sólo me surtieron de una muestra de lo que estaba por venir, por lo que pude aceptarlo con una actitud liberal.

En años posteriores, y por medio del movimiento feminista, se me encarnó toda la realidad de mis inmerecidos privilegios personales. A mi alrededor, todas las mujeres dejaron de cocinar, de limpiar los platos, o de cuidar a los niños. Empezaron a intervenir en las conversaciones y a cuestionar mi derecho de dominar todas las situaciones con mi presencia y mis opiniones. Ahora me quedaba claro que las actitudes liberales que obtuve por el movimiento del *Black Power*[1] no iban a funcionar con las mujeres. Si iba a ser serio respecto a los derechos de las mujeres realmente iba a tener que renunciar a algo.

Para mi sorpresa, resultó difícil de tragar. Mis amigos dicen que me tuvieron que forzar para que soltara mis puntos de anclaje en los asuntos, a los que estaba aferrado como si tuviera garras en las manos. Tuve suerte de tener profesoras cariñosas (y perseverantes) en la materia. Todas las concesiones de poder por mi parte fueron recompensadas y seguidas de una nueva lección. Descubrí que abandonar mis privilegios, si bien incómodo y atemorizante, también puede resultar liberador. Empecé a notar que portarse bien a menudo sienta mejor que pensar sólo en uno mismo y que al placer de compartir lo que sea se unía el tener menos trabajo que hacer. En ocasiones también vi cómo renunciar a privilegios provocaba que la gente me tratase con más aprecio y respeto.

A partir de entonces fue algo sorprendentemente simple darme cuenta de que mis privilegios iban más allá de negros y mujeres. Yo tenía una ventaja injusta sobre jóvenes y viejos, homosexuales, inválidos, obesos y solteros, pero por encima de todo sobre el enorme número de gente pobre de este país y de todo el mundo. La ilusión de que yo tenía derecho a esas

---

[1] Poder Negro. Movimiento de liberación de los negros estadounidenses de mediados de los años 60 (*N. del T*).

ventajas se disolvió, y esta nueva conciencia cambió radicalmente mi punto de vista sobre el mundo y sobre mí mismo.

Afrontémoslo: nosotros los ciudadanos medios nos hemos beneficiado de unas rondas gratis por mucho tiempo; rondas gratis que nos han pagado muchos sufridos trabajadores por una parte, y la bondad de la tierra por la otra. Hasta muy recientemente, vivíamos según nuestros deseos, sin oposición alguna, y con tan sólo algunos profetas iluminados diciendo chaladuras al respecto. Pero últimamente los diversos movimientos de liberación y los ecologistas han puesto algún «pero» a nuestro estilo de vida. Y aproximándose, ya prácticamente aquí a la vuelta de la esquina, el gran petardazo: vamos a terminar por agotar los recursos naturales de fácil extracción. Se ha acabado el petróleo barato, y por tanto la energía barata se terminó para siempre. Lo mismo sucede con la madera, el acero y otros artículos y mercancías. La mano de obra barata y dócil de la que hemos dependido está disminuyendo rápidamente. Los recursos renovables no se están renovando, y nuestros recursos no renovables se están reduciendo. Los ecologistas están trabajando duro para evitar que siga esta destrucción ambiental por culpa del beneficio puro. Las mujeres están consiguiendo lo que merecen, nuestras minorías raciales quieren lo que les pertenece. Los trabajadores quieren un salario justo, y eso nos obliga a rebuscar por todo el mundo en busca de mano de obra fácilmente explotable. Los ciudadanos de China e India quieren pisos de cemento, techos de tejas, frigoríficos y automóviles. Además, los ricos se enriquecen cada vez más, mientras los pobres son cada vez más pobres. Al final, sólo unos pocos serán capaces de mantener su cada vez más injusta ventaja; y realmente serán sólo unos pocos.

El resto tendremos que olvidarnos de la ilusión en la que hemos vivido. Tendremos que trabajar más duro, pluriemplearnos, reciclarnos, economizar, compartir el coche o usar los transportes públicos o la bicicleta, caminar, trabajar, sudar, darnos duchas más cortas, hacer colas, compartir, argumentar, aceptar que no sean consideradas nuestras propuestas, organizar, exigir nuestros derechos y respetar los derechos de otros. En resumen, que tendremos que trabajar más duro y aprender a conformarnos con menos. Pero en cualquier caso no es necesario atemorizarse, porque como escribe un amigo:

> El poder está en todo, omnipresente, incrustado en cada célula, en cada molécula y en cada átomo. Su naturaleza se irradia desde toda materia. Perdemos poder porque mermamos, controlamos y no creemos en nosotros mismos ni en otros.

Existe, oculta a la vista, una fuente de poder y placer para cada uno de nosotros.

A medida que maduro y me aparto de mis delirios de poder me doy cuenta de que aún quiero ser poderoso, pero que mi objetivo ahora es ser fuerte sin abusar. Quiero cooperar con otras personas de manera que todos nos desarrollemos y tengamos poder. No quiero tratar a ninguna persona, animal o cosa como de mi exclusiva propiedad, ni que sean usados según los deseos de mis propósitos egoístas.

Quiero hablar con la elocuencia del poeta y discurrir con la maestría de un sabio. Quiero vivir cómodamente en la compañía de mis seres queridos, mis amigos íntimos y mi familia. Quiero viajar, estar caliente en invierno, y fresco en el verano, disfrutar del trabajo duro, comer alimentos sanos y deliciosos, y disfrutar de mi tiempo libre. Quiero ser apreciado por muchos y que nadie me odie. Quiero ser justo, considerado y amigable. Quiero que mi conciencia sea la guía en todas mis acciones. Quiero hacerme viejo y ser respetado por mi vida y mis actos. Quiero ser apreciado por mis colegas, vecinos y competidores. Quiero vivir por completo mis poderes y el pedazo de tierra en el que habito. Quiero todas esas cosas sin tener que sonsacárselas a nadie mediante abusos y juegos de poder, y quiero que tú también las tengas. Y no sólo para ti, sino para todos aquellos que habitamos este planeta, desde ahora y para siempre.

La alternativa que este libro ofrece —El Otro Lado del Poder— se basa en la creencia de que es posible ser poderoso, feliz y activo, siendo al mismo tiempo justo y considerado, y que cada una de nuestras acciones sea guiada por la propia conciencia.

2. EL CONTROL EN LA VIDA COTIDIANA

Al salir del trabajo y mientras conducía por la colapsada autopista camino de casa, los pensamientos de Marcos giraban en torno a la sugerente voz que desde la radio le decía «...ten paciencia...». A continuación y tras el informe sobre el estado del tráfico, el anunciante le aseguraba con algo de sorna que «...pronto estarás en los brazos de tu amante... y si no es el caso, quizá un trago te venga bien». Marcos se dio cuenta de que estaba pensando en el sexo... Otra vez.

Últimamente el sexo con Juana no había estado bien. Cada vez más y a lo largo del ultimo año ella no se mostraba interesada. Más bien era lo contrario, y cuando él se le acercaba en la cama ella se daba la vuelta y se apartaba, no se sentía bien, o se dormía enseguida. Infrecuentemente hacían el amor, y ya no era lo mismo que al comienzo de su relación. Al pensar en ello, sentimientos de ira se entremezclaban con el deseo y un cierto sentido de humillación. ¡Joder! Tenía un calentón y no le apetecía andar haciendo ruegos. Estaba muy cabreado.

Cuanto más evitaba Juana sus tentativas sexuales, más crecía su interés casi hasta la obsesión. Juana parecía determinada a no acceder a menos que las cosas fueran justa y exactamente como ella las quería. Todos los platos recogidos y limpios, con mucho tiempo para relajarse y sin nada que pudiera deteriorar su ánimo. Obviamente, en los días laborables las cosas nunca podían estar así. ¿Por qué estaba siendo tan complicada? Cuando se conocieron hace un par de años el sexo era espontáneo: antes de cenar, después de cenar, incluso a veces durante la cena, mientras veían la tele, a media noche, o antes de salir pitando para el trabajo. Ciertamente, Juana se había vuelto complicada. Bueno, quizá esta noche... Cuando entraba en su casa se dio mentalmente un aviso para ser cuidadoso. Juana estaba en la cocina removiendo algo en una cacerola. Se recordó a sí mismo permanecer apartado de sus puntos magnéticamente atractivos.

—Hola cariño —le dijo mientras la besaba en la mejilla.

Él sabía que a ella le gustaba hablar. Y eso hizo. «¿Qué tal te va con tu madre?», «¿Cómo van las cosas en tu nuevo trabajo a media jornada?». Aguantó el impulso de encender la televisión para ver las noticias. Mientras hablaban se fue excitando sexualmente. Olvidándose de todo, caminó hacia ella, y agarrándola por detrás puso sus manos sobre sus pechos. Casi inmediatamente se dio cuenta de que había cometido un error. Notó su rigidez. «¡Mierda! ¿Por qué tiene que ser tan quisquillosa?». Decidió dejarlo. Esperaría hasta después de la cena. Se recordó no hacer ningún acercamiento sexual hasta entonces.

Tras la cena, Marcos puso las noticias en la tele. A Juana no le apetecía, pero tampoco quería importunar. Marcos recogió los platos mientras Juana hablaba por teléfono con una amiga. Cuando por fin todo estuvo en calma, mientras miraban la tele, él la miró y preguntó:

—¿Te apetece una copa?

Ella volvió la mirada y pensó por un instante:

—No, gracias. Tómatela tú si quieres.

Un chispazo de ira. «¡Joder! ¡Joder! ¡Joder!». Unos segundos después «Ya vale», y piensa «No lo voy a intentar otra vez. Si va a haber sexo esta noche será porque ella empiece, y no yo». Con un ojo en la tele toma el periódico mientras vigila su cerveza. Media hora después sin decir una palabra, él se levanta.

—¿Te vas a la cama tan pronto? —pregunta ella dulcemente.

—Sí, estoy cansado. Te espero... un poco —dice él.

Pronto ella se une a él en la cama. Parece más relajada. La esperanza aflora en el corazón de Marcos. Quizá... Él se da la vuelta, poniendo su pierna entre sus muslos. ¡Oh! Movimiento equivocado, sin duda alguna. Ella cierra sus piernas pegando las rodillas y se tumba bocabajo. Él se sienta muy erguido.

—¿Se puede saber qué puñetas te pasa?

—¿Qué quieres decir?

—Sabes de sobra lo que quiero decir. ¿Te estás volviendo frígida conmigo?

—Simplemente no quiero tener sexo así.

—¿Por qué no?

—Es que eso es todo lo que quieres de mí. Yo necesito algo más, y tú no tienes nada de lo que quiero.

—Dios mío, me estoy volviendo loco intentando hacer lo correcto. Pero ¿qué es lo que quieres?

—Quiero que me ames, no sólo que me folles.

—¡Ay, Dios! ¡Me rindo! No sé que tengo que hacer para convencerte de que te amo. Te quiero, y pienso en ti todo el tiempo. ¿Qué más quieres?

Se da la vuelta. Con furia dice:

—Buenas noches, que duermas bien.

Pensamientos fugaces de forzarla cruzan su mente, pero los desecha. Juana no dice nada y apaga la luz. Ambos se duermen mientras negros nubarrones se ciernen sobre su cama.

Rebobinamos; ahora desde el ángulo de Juana.

Mientras Juana troceaba algunas verduras para la sopa de la cena se dio cuenta que Marcos tenía que estar a punto de llegar. Estaba cansada y algo malhumorada: las cosas no habían ido bien en su nuevo trabajo.

Estaba esperando la llegada de Marcos; pero sintió que la agradable espera venía acompañada de un sentimiento de ansiedad. No le prestó atención, pero era una sensación sutil y desagradable que se le había estado viniendo encima casi cada vez que pensaba en Marcos. Aun así, la mayoría de las veces esperaba ansiosamente la llegada de su encantadora sonrisa y de su voz melodiosa y potente. Escuchó como aparcaba el coche, y oyó como cerraba la portezuela del mismo: unos segundos más tarde Marcos estaba en la puerta. Lo saludó sintiéndose bien por verlo. Ella esperaba que viniera y le diera un beso, pero a medida que se aproximaba, notó otra vez ese sentimiento arrastrándose, apenas enturbiando su agrado. Sintió su ligero abrazo y el suave beso, y vio con agrado que se iba a sentar y charlar con ella. Le encantaba tenerlo mirándola mientras ella andaba liada haciendo algo. Estaba encantada de haber decidido preparar uno de sus platos favoritos. Sería una buena cena. Hablarían y se reirían, y lo pasarían bien.

Mientras ella salteaba las setas en la sartén, él se levantó y se dirigió hacia ella. Ella había estado esperando que se acercara y la acariciara. De repente la recorrió un escalofrío; el esperado abrazo se había convertido en un basto agarrón de sus pechos. La leve ansiedad que la atormentaba se había convertido en un pánico total. «Oh, Dios mío, ya estamos otra vez», pensó. Su cuerpo y sus pensamientos se pusieron en blanco mientras se concentraba en acabar la cena.

Lo siguiente que supo es que Marcos se había ido. Lo podía escuchar trasteando en el despacho. Definitivamente, estaba asustada y preocupada. Algo horrible le estaban sucediendo a sus sentimientos por Marcos. No era que no lo quisiese; parecía que era sólo que no quería tener sexo con él, y él cada vez era más insistente al respecto. No le gustaba como se acercaba; era basto, rudo y carente de cualquier romanticismo. Era un auténtico apagón que la hacía sentirse enferma. A él ya nunca le apetecía solamente sentarse y hablar, o ver la tele, suave y cariñosamente abrazados. Todo lo que quería era sexo, sexo, y más sexo. Cada vez que ella intentaba que ambos estuvieran juntos, o salía pitando del cuarto, o encendía la tele, o cambiaba de tema. Se daba cuenta de que toda la culpa no era achacable a él. Quizá se podrían suavizar las cosas. Estaba de verdad intentando responder a sus deseos de tener sexo.

Durante la cena, y tras ésta, Marcos pareció distante. Juana probó a tener una conversación amigable y él contestó, pero no había calidez en su voz. ¿Estaba enfadado, o solamente es que no tenía interés en ser agradable? Quizá estaba dándole más importancia de la debida al asunto. Quizá él estuviera bien. Decidió no preocuparse y relajarse. Sentada a su lado en el sofá sintió un casi imperceptible aumento del interés sexual. Realmente había disfrutado con Marcos, y recordaba lo apasionadamente que habían hecho el amor en el pasado. A mitad de una de estas evocaciones, Marcos tanteó con intención,

—¿Te apetece una copa?

Su intento la pilló por sorpresa. Pensó por un segundo y le molestó la esperanza implícita en su pregunta. «Anímate, relájate y a follar». Rechazó la oferta sin pensarlo más.

Notó su cara de dolor, haciéndola dudar de su decisión. Si se lo pidiera otra vez aceptaría. Pero ahora parecía que Marcos renunciaba completamente. Abrió una cerveza que bebió sin ofrecerle un trago y se levantó abruptamente. Fingió su sorpresa.

—¿Te vas a la cama tan pronto?

—Sí, estoy cansado. Te espero... un poco —dice él.

Mientras él iba al dormitorio, escuchaba cómo ese «un poco» resonaba en sus oídos. ¿Era un comentario sarcástico o una invitación prometedora? Se estaba poniendo muy nerviosa con esto, ¿no? Una vez más, decidió no buscarle tres pies al gato a lo que parecía ser un comentario innecesariamente irónico.

Cuando vio el final del programa, Juana apagó la tele y las luces y fue de puntillas hasta el dormitorio. Quizá Marcos estuviera aún despierto. Quizá podrían hablar dulcemente unos instantes. Miró a Marcos acostado. Parecía dormido.

«Bien», pensó. Nos podemos abrazar toda la noche, y físicamente pegada a él me sentiré querida. Luego podemos tener sexo mañana por la mañana antes de que se vaya a trabajar, como solíamos hacer antes».

Se desvistió, decidió no ponerse un camisón, y retiró las mantas. A medida que ella se acostaba, él se volvió inesperadamente. Juana se sobresaltó ya que había pensado que él estaba dormido, y sus rodillas se cerraron instintivamente cuando él introdujo sus piernas entre las suyas.

Antes de que se recuperara de su confusión, él se incorporó. Su cara se enrojeció de rabia y apretó sus puños mientras le gritaba por algo que ella le había respondido sin pensar. Sintió pánico. Luego se volvió fría y calculadora mientras respondía a sus acusaciones de manera automática y defensiva. Toda resolución para ser cariñosa se había esfumado, y se había reemplazado por enfado y dolor.

Cuando finalmente la furia de Marcos amainó y se hundió bajo las mantas, ella estaba encantada de irse a dormir. Se sintió apenada por los dos. «Quizá debería ir a un sexólogo», pensó. A lo largo de toda la noche se fueron acercando lentamente uno al otro, tocándose aquí y allá, primero ligeramente y terminando por abrazarse tan pegados como nunca lo habían hecho. En sus sueños, se hicieron el amor mutuamente.

JUEGOS DE PODER

Este ejemplo ilustra específicamente un conflicto típico entre dos personas. No es que Juana y Marcos ya no se quieran. Se quieren, y aún se sienten sexualmente atraídos el uno por el otro. Pero algo ha ido mal. Lo que una vez fluía alegre y fácilmente entre ellos se había interrumpido. Ambos estaban confundidos, doloridos, enfadados. Ambos sentían que la culpa era sobre todo del otro. Antes de que empezaran los problemas estaban enamorados. Juana nunca había estado tan sexualmente encendida; Marcos nunca había sido tan amable y considerado. Al principio el problema surgió inapreciablemente en medio de días de ajetreo y noches cansadas. Pero poco a poco, durante el último año, surgió una secuencia de la que ninguno fue claramente consciente. El intercambio libre y cariñoso entre ellos empezó a incluir ocasionalmente transacciones de control. Una tarde mientras descansaban en la cama, Marcos ignoró la falta de interés de Juana y comenzó a rozarse con ella. Ella no se resistió, aunque se aseguró de no responder a lo grande. La siguiente vez que fueron juntos a la cama ella se apartó y se enrolló como una pelota dura e impenetrable. Para el fin de semana Juana había planeado un domingo tranquilo en la cama. Había visualizado cómo holgazanearían y charlarían, cómo él se levantaría y haría café y prepararía magdalenas y mermelada. Pero incluso antes de que se despertara, él ya se había levantado y estaba trabajando en el jardín, y entonces ella también se levantó.

Algunas noches después, mientras Juana dormitaba, Marcos la acarició y besó, y ella se puso excitada. Antes de que se diera cuenta estaban enrollados. Medio lo disfrutó, y medio lo lamentó. Pero la siguiente vez que él la acarició en la mitad de la noche, ella se despertó, se dio la vuelta y se volvió a dormir.

Con el paso de los meses, los intentos de Marcos para manipular a Juana hacia el sexo escalaron, y fueron seguidos de una escalada de las maniobras de resistencia de ella. Los intentos de Juana de crear situaciones de intimidad no sexual fueron igualmente infructuosos.

Durante la tarde descrita anteriormente, Marcos intenta una serie de maniobras controladoras. Primero esconde su deseo de sexo al llegar a casa. Da por supuesto que si ella supiera lo que él quería, ella lo doblegaría. Así que controla lo que hace y lo que dice con el objeto de controlarla a ella. Aunque hubiera preferido ver la televisión, se ocupa en una conversación, que es un intento por darle lo que ella quiere, no especialmente frío, pero con la esperanza de que lo llevará a lo que él quiere. Otra vez está intentando controlarla. Más tarde olvida su decisión y actúa fuera de control, pero al descubrir que ese descontrol enfría a Juana, prueba otra táctica.

43

Abandona completamente, confiando en despertar el interés por parte de ella, espoleada por su ausencia. Posteriormente se centra en otra idea. «Puede que si se anima, se relaje». Ella lo pilla al vuelo y rechaza la oferta. Ahora se enfada; eso la hará sentirse culpable. Cuando ella va a la cama, él finge estar dormido: esto le demostrará que no le ha dado importancia. Quizá funcione. Cuando ella parece estar respondiendo con alguna calidez, él se olvida de todo y la vuelve a agarrar. Viendo que ha fallado otra vez, ahora intenta un acercamiento a lo bruto. La insulta y la acusa de ser frígida. Intenta despertar su culpabilidad. Intenta amenazarla para que caiga en la sumisión. Finalmente rehúsa con otro enfado mientras fantasea con el juego de poder sexual último.

Las cosas parecen diferentes al ver los sentimientos y experiencias por las que pasa Juana. Ella ha desarrollado un temor subterráneo y casi instintivo a sus aproximaciones sexuales. Una serie de situaciones similares han creado unas expectativas problemáticas. Siente ansiedad cada vez que él hace un acercamiento. En consecuencia, sus movimientos (tanto si son manipuladores y controladores, como directos y honrados) se encuentran con una reacción idéntica, un recrudecimiento, un abandono, un bloqueo de todos sus movimientos, o resistencia pasiva. Ahora ella intenta mantener el control, no ser manipulada; no conoce otra manera de conseguir lo que quiere, y él tampoco. Están encerrados en una lucha por el poder y saben que no hay salida en sus posiciones de combate. Él se halla a sí mismo intentando manipular con el objeto de conseguir lo que quiere, y ella se halla a sí misma rechazándolo casi automáticamente. Ninguno de los dos consigue nada de lo que quieren.

Las maniobras de Marcos funcionaron en el pasado. Ha logrado distraer a Juana, crearle la necesidad de él, o provocar que se sometiera por culpa o temor. Pero estas tácticas ya no funcionan. Apenas lo hacen alguna vez. A la gente no le gusta ser controlada, y la manipulación provoca normalmente un fuerte deseo de resistencia. Sobreviene una lucha, se gasta energía, y el resultado es la impotencia. La situación de Marcos y de Juana es solamente un ejemplo de dos personas haciéndose juegos de poder mutuamente. Veamos la lucha por el poder desde el lado de Marcos: Marcos quiere sexo. Juana no quiere, eso es lo que ve. Puede ir a por ello de manera directa y ruda simplemente agarrándola, o puede también, tanto separadamente como a la vez, ser mucho más sutil al respecto. Lo vimos intentando venderle el sexo a Juana preparando el escenario con antelación. Lo vimos esconder sus sentimientos, pretendiendo hacerla sentir culpa, fingir interés, rehusar, intentar animarla, y le vimos enfadarse. Cuando el intento sutil de Marcos no funciona, se ve legitimado para intentar uno más rudo —como en el caso de su fantasía de violación—, antes de que caigan dormidos, o cuando apretaba los puños a la vez que le gritaba.

Si tienes un trozo de pan que yo quiera, simplemente puedo quitártelo y comérmelo mientras te piso en el suelo. Este es el método burdo. También puedo conseguir ese trozo de pan por otros medios. Te puedo convencer de que es mío, que tengo más derecho a él que tú. Te puedo conmover con lo hambriento que estoy, por lo que me lo darás para no culparte o avergonzarte. Te puedo asustar contándote amenazadoramente lo que podría pasar si no lo compartes conmigo. Puedo bromear al respecto. Las mismas maniobras que se aplican al sexo.

En nuestra vida diaria, fundamentalmente somos controlados por medios sutiles. Apenas somos conscientes con claridad de cómo estos métodos logran su propósito, ni siquiera al usarlos nosotros sobre otros. La fuerza no es la base de su éxito. Por el contrario, éstos se apoyan en nuestra obediencia, nuestra escasa predisposición para desafiar la autoridad por temor, por nuestra educación, o por nuestra incapacidad de saber y pedir lo que queremos.

Todas las maniobras usadas por Juana y Marcos, sutiles o burdas, ofensivas o defensivas, entran dentro de la definición de juego de poder, y son el foco principal de este libro. Los juegos de poder son las herramientas del Control y de la competición. Cuando se introducen dentro de una relación cariñosa y cooperativa la afectan profundamente. Démosle un vistazo a otra situación en la que habitualmente se usan los juegos de poder.

En la Oficina.

Son las 4:00, una hora antes de la salida. Has trabajado duro todo el día; has tenido dos descansos de quince minutos para el café y uno de media hora para la comida. Mientras miras expectante el final de la jornada, tu jefa viene a tu puesto de trabajo, deja una carpeta en tu mesa, te mira con una sonrisa y te dice.

—Esto tiene que estar terminado para mañana a primera hora. ¿De acuerdo?

Dudas, pero respondes automáticamente.

—De acuerdo.

—Gracias —te dice ella mientras se da la vuelta enérgicamente y se va.

Tomas la carpeta y miras a ver qué hay. Parece como una hora y media de trabajo. Sabes que no serás capaz de terminarlo antes de las 5:00. Eso significa que te tendrás que quedar más tiempo, por lo que saldrás en hora punta cuando el tráfico es más pesado. Estás corto de gasolina y te arriesgas a quedarte tirado. Tendrás que pararte en medio del atasco a repostar. Estás confundido y enfadado. Por si fuera poco, ella te preguntó si todo era correcto y tú confirmaste: «¿De acuerdo?» dijo ella, y tú respondiste «De acuerdo». ¿Cómo puedes ahora darle la vuelta y protestar? Tu mente se inunda de emociones y no puedes pensar. Todo lo que sabes es que se tiene que hacer hora y media de trabajo antes de mañana por la mañana. Te dices a ti mismo, «Bueno, cuanto antes empieces, antes terminarás. No hay tiempo que perder. Si lo haces, lo único que conseguirás es quedarte hasta más tarde».

Te han hecho un juego de poder. Tu jefa ha conseguido que hagas algo que no querías hacer, algo que ella no tenía derecho a esperar de ti. Y además lo ha hecho sin ponerte una mano encima y con una sonrisa. Se ha apoyado en tu obediencia, tu repulsa a desafiarla y tu subordinación. Te ha moldeado para hacer algo que ella sabía perfectamente que era injusto. Si hubieras estado más hábil podrías haber dicho «Un momento, no tengo claro que esté de acuerdo. Déjame que le dé una ojeada». Y tras haberle dado un vistazo, podías haber dicho «¿Por qué me lo traes tan tarde? ¿Por qué tiene que estar terminado para mañana por la mañana? ¿Puedes hacer que alguien me eche una mano?». Y quizá, «No tengo que trabajar pasadas las cinco en punto. No me importa si esto tiene que estar terminado antes de mañana por la mañana. Si es tan importante, me lo podías haber dado antes. ¿Por qué no contratas temporalmente a alguien? Necesito que me pagues horas extra por esto». O incluso «¿Por qué no lo haces tú misma?».

Está claro que este tipo de conducta se vería como insubordinada, rebelde, no cooperante; y si tu trabajo fuera de los que se cubren fácilmente, tu jefa podría empezar a pensar en despedirte y sustituirte por alguien que fuera más «cooperante». La elección no es sencilla. ¿Qué vas a hacer?

La confusión que sentimos en situaciones como esa es apreciable. Queremos ser buenos trabajadores, cooperadores, razonables. Pero a menudo quien nos pide que seamos todo eso son personas que sólo se tienen en mente a sí mismas y que no dudaran en controlarnos para su provecho. La única forma de elegir sabia y responsablemente está en comprender mejor la situación aprendiendo sobre el poder: cómo se abusa de él mediante juegos de poder burdos y sutiles, y cómo se puede usar cooperativamente y como seres decentes y humanos. Sólo entonces podremos saber si lo que estamos haciendo se debe a la obediencia y a la sumisión o si más bien es una elección libre y un deseo de colaboración.

Las personas tienen derecho a trabajar en una atmósfera donde no se usen juegos de poder, como el de forzar unas horas extras, y donde igualmente los empleados pidan lo que quieren de manera justa y razonable. Los trabajadores necesitan la seguridad de que no se abusará ni se dará por hecha su predisposición al trabajo duro, y los jefes necesitan tener la certeza de que los trabajadores estarán listos para trabajar cuando se requiera y que lo harán de la manera más productiva posible. Situaciones laborales de esa clase son posibles. En tal ambiente de trabajo, tu jefa se te acercaría de manera muy diferente. Se podría aproximar a tu puesto de trabajo y esperar educadamente hasta que terminases lo que estuvieras haciendo. En este punto, se sentaría y te diría, «Perdona que te interrumpa, pero me gustaría preguntarte si podrías hacer un trabajo extra antes de que salgas. Te llevará una hora y media aproximadamente».

Si te mostrases descontento con la petición, ella te podría decir. «Esto es realmente importante. Podemos hacer un trato. Quizá mañana quisieras llegar más tarde o salir antes». O «¿Lo podrías hacer sólo esta vez como favor? Te lo devolveré en otra ocasión». Esta petición de colaboración, libre de juegos de poder podría tener éxito en provocar que te decidieras a hacer el trabajo con una sonrisa en los labios. Si no lo hiciera, entonces tu jefa y tú podríais discutir una solución imaginativa al problema, como buscar alguien más, posponer el trabajo, o llevártelo a casa. Al final, ella y tú tendríais una relación laboral mejor, basada en el respeto mutuo.

Sería potencialmente más creativa y productiva, más duradera, y más satisfactoria para ambos. Estas dos aproximaciones: el Control (el modo competitivo de los juegos de poder) y el otro lado del poder (el modo cooperativo del aprecio, del toma y dame) describen el tema central de este libro.

Comencemos por examinar por qué aceptamos que otros nos controlen.

3. OBEDIENCIA: POR QUÉ ACEPTAMOS QUE OTROS NOS CONTROLEN

Los juegos de poder sutiles dependen de nuestra obediencia, que a veces es confundida con la cooperación. La cooperación muy a menudo significa asentir, no discrepar, y hacer lo que otros, que saben más, nos dicen. Durante la presidencia de Nixon, cuando este libro fue escrito, el Presidente Nixon estaba muy irritado con la prensa, con los estudiantes, y con la opinión pública americana, que no «cooperaban» con sus planes. Los vietnamitas tampoco cooperaron mucho en la «Vietnamización» de su país, para disgusto del ejército americano.

Los colonos americanos rehusaron pagar impuestos y «cooperar» con Inglaterra. Tampoco cooperó el pueblo español cuando Napoleón colocó a su hermano José como Rey. Durante muchos siglos los pueblos han rechazado el imperialismo y rehúsan cooperar con la opresión de gobiernos patriarcales. Las mujeres rechazan el control de los hombres y se niegan a cooperar con ellos, y los estudiantes no cooperan con maestros incapaces. Más adelante explicaré en detalle en qué se diferencian la cooperación y la obediencia. Por ahora déjame que te dé un ejemplo ilustrativo de cómo a menudo se nos habla de cooperación cuando en realidad es mera obediencia.

Estás sentado en el banco de un parque, en un día de primavera fresco, disfrutando el primer sol de la mañana. Tus ojos están cerrados y sientes la calidez de la luz. Estás feliz y contento mientras tu mente divaga en una agradable ensoñación. Repentinamente, una sombra se abate sobre ti. Notas un escalofrío, abres los ojos y ves a alguien de pie justo entre tú y el sol. Está vestido con un traje elegante pero informal y corbata, es bien parecido y tiene las sienes plateadas por las canas, parece relajado. Sonríes y dices:

—Hola.

—Hola —replica, pero no se mueve.

Su cara está contra el sol, así que apenas puedes ver sus gestos. «Probablemente no se da cuenta de que está tapándome el sol», piensas para ti mismo.

—Perdone, pero me está tapando el sol.

—Lo sé —responde.

Eso te desmonta. Te fijas un poco más. Parece amable pero serio y no parece que te esté retando. Te giras un poco buscando la luz. Ahora le puedes ver la cara; te mira de reojo desinteresadamente. Cambia de posición y te bloquea la luz otra vez. Tu confusión se acrecienta.

Te preguntas, «¿Por qué está haciendo esto?». Asumes que tiene una buena razón y que probablemente hay algo que te estás perdiendo de su comportamiento. No quieres ofender a este tipo con pinta de buen hombre. No quieres problemas. Parece amigable, pero estás algo asustado. Tiene que haber algún error. Probablemente estás dramatizando. Después de todo, solamente está estorbándote la luz. Cierras los ojos nuevamente, pero te estás disgustando.

Tras algunos segundos, e intentando sonar calmado, preguntas:

—¿Por qué me estorba la luz?

Él responde con sinceridad:

—Me gusta que me haga esa pregunta. Es muy importante que haga esto. De hecho me vas a perdonar, pero tengo que hacer otra cosa.

Se dirige hacia ti y te pisa el pie con su tacón. Estás confundido; indudablemente ha cometido un error. Seguro que no puede estar dándote un pisotón intencionadamente.

Reprimiendo un grito de dolor, le gritas:

—¡Me está pisando el pie!

—Sí, lo sé —te responde.

—¿Por qué? —le ruegas, intentando no mostrarte visiblemente enfadado.

Te dice muy honradamente:

—Esto le puede resultar muy difícil de creer, pero la razón por la que estoy encima de su pie es muy complicada como para que la entienda. Todo lo que le puedo decir es que es fundamental para la salud económica del país. Si no pudiéramos hacer esto, el país se vería inmerso en una gran crisis energética. Y yo realmente estimaría que dejara de rechistar. Hay más implicados y no podemos dejar que interfiera en nuestros esfuerzos por proteger los intereses nacionales.

El hombre parece estar en serio. Es a la vez honesto y siniestro. Tienes una imagen de ti mismo de buen ciudadano. Pero no eres un experto, en realidad no has sido capaz de entender los entresijos de la política. De hecho te sientes estúpidamente ignorante en estas cuestiones. Reprimes el deseo de hacerle algunas preguntas por miedo a mostrar tu ignorancia. Este hombre parece un tipo educado.

A juzgar por sus maneras y su traje está claro que es un ganador, un exitoso hombre de negocios, o probablemente un profesor universitario. «Si no hubieras abandonado los estudios no te verías en esta situación», piensas. «Siempre has sido un poco vago. Mírate, holgazaneando en el banco de un parque... Tampoco duele tanto como para seguir con la historia. Si hicieras un pequeño esfuerzo aguantarías fácilmente la situación». Parece que eso agrada al hombre, «Es usted una buena persona, felicito a sus padres. No es un problemático. Sus hijos estarán orgullosos de usted».

Te estás acostumbrando al dolor. Miras a tu alrededor y ves que mucha gente está en la misma situación en que tú estás. Mires hacia donde mires, hombres trajeados están pisoteando a la gente en los dedos de los pies. Todos sonríen o intentan sonreír. Tampoco es tan malo. Estás empezando a sentirte mejor, piensas que estás haciendo lo correcto; no

51

formando jaleo, siendo apreciado por este hombre importante y sabiendo que con tu civismo estás ayudando y colaborando.

A lo lejos ves a unos pocos que parecen estar protestando contra el aplastamiento de pies. Han empujado y sacado de sus pies a esos hombres tan amables y corren calle abajo gritando «¡Fuera de nuestros pies!»

Te sientes indignado. ¿Por qué hay incluso niños y niñas entre los manifestantes? ¿Cómo pueden corromper así a los niños? ¿Por qué son tan insolidarios? ¿Cómo es que no les importa poner en peligro la seguridad y el futuro de nuestro país? Estás algo más aliviado al ver a una fila de policías avanzando, parando la manifestación y arrestando a aquellos que no se disuelven pacíficamente. Se ha hecho justicia.

Te recuestas en tu asiento, intentando una vez más disfrutar del sol. Cierras los ojos y te concentras en la calidez del sol y en el cantar de los pájaros. Ya apenas puedes sentir el dolor bajo el pie del extraño. Caes en el sueño y sueñas en corretear por un prado con alas en tus pies. Te sientes libre, puedes volar. Te despiertas y te das cuenta de que todo fue un sueño. Estás de vuelta en el banco del parque, no tienes a nadie encima del pie. Tus zapatos nuevos te aprietan un poco.

Esta alegoría pretende aclarar la manera en que tendemos a admitir y justificar los juegos de poder sutiles que se cometen contra nosotros. No plantamos cara a las cosas desagradables que nos hacen quienes tienen poder. No pedimos pruebas sobre la necesidad de las cosas que toleramos. Cuando vemos a otros conformarse y continuar con sus cosas, asumimos que nuestras objeciones no están justificadas. Olvidamos nuestros sentimientos y temores. Nos creemos las mentiras de la gente. No aceptamos ni aprobamos que la gente proteste. En resumen; nos volvemos obedientes. Cuando dudamos, dudamos de nosotros. Si no entendemos algo, aceptamos que somos estúpidos. Si no queremos hacer algo, es porque somos unos vagos. Si estamos demasiado cansados como para retar a quienes nos pisotean, asumimos que somos débiles. Se necesita más energía, habilidad, y coraje del que tenemos la mayoría de nosotros para desafiar, hacer preguntas, cuestionar la autoridad, rechazar el aprobar algo, o criticar abiertamente lo que algún otro está haciendo y defender así nuestros derechos. No queremos arriesgar lo que poseemos enfadando a los poderosos. Resultar odioso, molesto y obstinado es difícil y temerario. En su lugar, continuamos silenciosamente con lo nuestro y «cooperamos», lo que en este caso realmente significa que obedecemos.

Vivimos un sueño dentro de un sueño, tal y como señala R. D. Laing, donde hemos sido hipnotizados para que aceptemos la opresión, y luego hipnotizados otra vez para olvidar que fuimos hipnotizados al principio.

El primer paso para adquirir poder sin usar juegos para controlar a otros consiste en aprender a ser desobediente. Eres un ser humano libre, y esa libertad es poderosa si haces uso de ella. Rechazar ser controlado contra tus deseos y tus juicios libera tus propios poderes para todo aquello que tu decidas que es bueno para ti.

La obediencia es una cualidad que a muchos de nosotros nos han enseñado nuestros padres, en la escuela y en todas las instituciones de nuestra infancia. Aprendemos a hacer aquello que otros nos dicen que hagamos sin cuestionarlo porque después de todo solamente somos unos niños. La obediencia implica creerte las mentiras, no hacer preguntas evidentes, no decir lo que queremos, no mostrar enfado o tristeza o cualquier otro sentimiento en el momento que lo sintamos, no pedir ni defender nuestros derechos, sonreír cuando estamos infelices, y en general, continuar y no alterar.

Tras muchos años de entrenamiento en la obediencia, nos hacemos adultos de quienes repentinamente se espera que seamos individuos que piensan por sí mismos, que toman sus propias decisiones, que no son fácilmente manipulables y que no se toman las palabras de otra gente al pie de la letra a menos que se les demuestre su validez. Se supone que somos adultos capaces de confiar en nuestras propias opiniones y de perseguir nuestro propio bienestar a nuestra manera, con amplitud de miras y firmemente resueltos. Desgraciadamente, y para muchos de nosotros, eso es muy difícil dada la instrucción recibida en nuestra infancia. Se nos dijo que la obediencia es una buena cualidad, y crecimos para ser obedientes a la autoridad, a la gente que hablaba como si supiera lo que estaba haciendo, a las personas que nos decían qué estaba bien y qué estaba mal, qué queríamos y qué no, qué era bueno para nosotros y qué no lo era tanto, y a perfilar manipulaciones y mentiras. Si somos mujeres, aprendemos a obedecer a los hombres. Si somos ciudadanos, aprendemos a obedecer a las «autoridades»: a líderes, a científicos, a la policía, y a nuestros políticos. Si somos trabajadores, aprendemos a obedecer a nuestros jefes. Si somos soldados, aprendemos a obedecer a nuestros oficiales, sin importar qué actos horribles se nos pueda pedir que hagamos. Es cierto que las condiciones de obediencia han cambiado entre el tiempo que va entre mediados del siglo XX y el comienzo del tercer milenio, pero el problema de la obediencia continua.

Stanley Milgram escribió *Obedience to authority*, el ahora famoso estudio que expone el serio problema de la obediencia. En este experimento, gente corriente como tú y como yo fue contratada para participar en un experimento sobre el «aprendizaje». En el experimento, el aprendiz tenía que memorizar algunas palabras. Tú, el profesor, tenías que darle una descarga eléctrica si el aprendiz se equivocaba. Cada vez que éste erraba, se te daban instrucciones para que incrementases la descarga en 15 voltios. La descarga mínima era de 15 voltios, y la más alta de 450 voltios. A medida que las descargas subían en voltaje, iban siendo etiquetadas: «Descarga intensa (255 voltios)», «Descarga extremadamente intensa (311 voltios)», «Peligro: descarga cruel (375 voltios)», y «XXX (450 voltios)».

El aprendiz era en realidad un actor desconocido para el profesor y tenía instrucciones de que a los máximos niveles de «descarga» chillara y protestara escandalosamente.

Por ejemplo:

A 300 voltios: Grito de agonía. «Me niego completamente a contestar ninguna más. Sacadme de aquí». «No me podéis tener aquí. ¡Sacadme! ¡Sacadme de aquí!»

330 voltios: Grito agonizante de manera intensa y prolongada. «Dejad que me vaya. Dejad que me vaya. Me está fallando el corazón. Dejad que me vaya. Oídme». (Histérico). «¡Dejad que me vaya, dejad que me vaya! ¡No tenéis derecho a retenerme aquí! ¡Dejad que me vaya! ¡Dejad que me vaya!»

La única persona que no era un actor en este experimento eras tú, el profesor, el sujeto real del experimento. A medida que el aprendiz cometía un error tras otro y el «profesor» dudaba en incrementar el voltaje, el experimentador (nuevamente otro actor), vestido con una bata de laboratorio, decía:

—Por favor, continúe...

Si el «profesor» aún tenía dudas podía añadir

—El experimento requiere que usted continúe... es absolutamente esencial que continúe... No tiene otra elección, debe seguir.

Ahora podrías pensar que tú y la mayoría de la gente rechazaría darle descargas a nadie en esas condiciones. Te equivocas. Aproximadamente una de cada tres personas, personas normales, que participaron en el experimento «descargaron» al aprendiz hasta los 450 voltios, ¡incluso cuando este parecía estar inconsciente! Y cuando ellos hacían de experimentadores, no dando descargas sino haciendo las preguntas de la prueba mientras otro electrocutaba, nueve de cada diez llegaron hasta el tope de la escala

Probablemente te estás diciendo «¡Yo no! Estoy seguro de que yo no sería uno de esos». Yo no estoy tan seguro de mí mismo. La obediencia a la autoridad está profundamente incrustada en nuestro comportamiento: es una programación básica de la que muy pocos escapamos, si bien nos gusta pensar que lo hemos hecho. Una combinación tan efectiva como esa de introducción sutil y gradual del abuso combinada con una merma de elección, y respaldada con la violencia, quedó ampliamente demostrada en la Alemania nazi, donde todo un país de gente civilizada toleró —alegremente, según parece— el Holocausto. ¿Qué hubieras hecho en el Berlín de 1939? ¿Te hubieras rebelado o hubieras obedecido? ¿Qué estás haciendo hoy en día? ¿Hasta qué punto lo estás perpetuando obedeciendo barbaridades a tu alrededor?

En realidad, se nos dice que la obediencia en los niños es una cualidad admirable. La mayoría de nosotros nos avergonzaríamos y ofenderíamos si alguien nos dijera que un hijo nuestro es un desobediente. Por el contrario creo, y me enorgullezco de ello, que he criado tres niños «desobedientes».

Ya son adultos, pero fueron desobedientes y era muy improbable que con interlocutores autoritarios hicieran lo que se les dijera sin preguntar por qué. Al leer esto puedes pensar: «Vaya, debe haber criado unos niñatos maleducados. De todas formas los hijos de los psicólogos suelen ser así». No obstante, mis hijos, ahora completamente crecidos, nunca fueron maleducados, impertinentes, mentirosos ni odiosos. Son honrados y educados, y muy difícilmente harán algo que pueda disgustar realmente a la gente que los rodee. Simplemente fueron niños que querían saber por qué iban a hacer lo que se les pedía. Es poco probable engancharlos en juegos de poder, burdos o sutiles. Me aman, me respetan y quieren agradarme, pero eso no significa que estén deseando obedecer lo que yo o cualquier otro les pida que hagan solamente «porque yo se lo pida».

Estamos tan acostumbrados a pensar en la obediencia como una virtud que la idea de alentar la desobediencia puede parecer extremadamente errónea y peligrosa. Pero la desobediencia civil es una tradición largamente ensalzada y ha formado parte de cualquier movimiento que haya merecido la pena en nuestra historia.

A menudo la opresión se sustenta en leyes y tradiciones. Querer cambiar estas situaciones requiere la voluntad de desobedecer. Terminar con la guerra de Vietnam, parar la energía nuclear, el rechazo de McCarthy y Nixon, los movimientos de derechos civiles, la implantación de sindicatos y, por supuesto, nuestras guerras de independencia, fue todo ello basado en la desobediencia civil.

—Pero, ¿y si la desobediencia fuera moneda común en toda la población? ¿No traería el caos y la violencia? ¿Qué pasa con la ley y el orden?

La desobediencia no es necesariamente un comportamiento rebelde y violento, aunque lo pueda ser y de vez en cuando sea necesario que lo sea. Estoy hablando más que nada de la desobediencia amable que proviene del respeto propio y una promesa grabada a fuego de ser cariñosamente crítico con uno mismo y con otros, de no transigir con lo que no estemos de acuerdo y de preguntar «¿Por qué?» una y otra vez hasta quedar satisfecho.

LA OBEDIENCIA Y EL PADRE CRÍTICO.

¿Por qué algunas personas están tan fuertemente inclinadas a obedecer a la autoridad y otras no? ¿Es una cuestión de voluntad, o es que unos han nacido fuertes y otros débiles? ¿Qué provoca esa importante diferencia en el carácter de la gente que determina si aceptarán la dominación o si la retarán?

Para responder a esta cuestión es conveniente tener unos conocimientos rudimentarios de Análisis Transaccional. Como probablemente sepas, Eric Berne, el fundador del Análisis Transaccional, veía a la gente como si tuviera el «Yo» dividido en tres estados: el Padre, el Adulto y el Niño. Estos estados del yo son tres maneras en las que una persona se puede comportar.

El Padre es la persona que le dice a la gente lo que está bien o mal y lo que tiene que hacer. El Padre puede ser nutricio, cuidando a las personas e intentando protegerlas del daño, o puede ser crítico y desagradable, controlándolas con abusos y juegos de poder. En ambos casos el Padre tiene prejuicios; el Padre Nutricio es prejuicioso en favor de las personas y el Padre Crítico en contra de las personas.

El Adulto, que es la persona que piensa y actúa racionalmente, sin emociones, de acuerdo con las reglas de la lógica.

El Niño, el espontáneo, irracional y emocional, el aspecto infantil de la persona.

Veamos una escena de patio de colegio entre Bozo, el matón, y Jaime, su víctima.

—Bueno, chaval, ¿trajiste algo de dinero?

—No, no lo hice.

—¿Cómo qué no? Enséñame los bolsillos.

—Lo que yo tenga en los bolsillos no es asunto tuyo.

—Escucha idiota, mejor que hagas lo que te diga si no lo quieres lamentar.

Jaime se saca los bolsillos dándoles la vuelta y una moneda cae.

—No tenías dinero, ¿eh? Te debería patear el trasero por esto. Cógela y dámela.

—Ese dinero es para el autobús. ¿Cómo me voy a volver a casa? —comienza a llorar, recoge el dinero y se lo entrega a Bozo.

—Ése es tu problema. Quítate de mi vista. Y mejor que no le cuentes nada de esto a nadie, o lo lamentarás.

Jaime corre huyendo, esa tarde va a casa caminando, y le cuenta a sus padres que perdió su dinero en vez de revelarles que le han robado.

ESTADOS DEL YO

En esta serie de juegos de poder, los actos de Bozo provienen de su Padre controlador y opresivo, al que también se le llama el Enemigo o el Padre Crítico. El Padre Crítico de Jaime le dice que no tiene poder para resistirse y que debe huir. Le dice que es un cobarde y un estúpido, y que debería haber escondido mejor el dinero, y que si deja que la gente sepa que él se deja sacudir, pensarán que es un nenaza. Se puede ver que el Niño aterrorizado de Jaime es arrollado por Bozo y su propio Enemigo o Padre Crítico.

El Padre Crítico tiene como función principal y única el Control de la gente, y ésta es la fuente de todos los juegos de poder y de los abusos de poder a los que estamos sujetos. Bozo aprendió este tipo de comportamiento de los adultos que lo rodean, especialmente de sus padres y profesores quienes, proveniente a su vez de sus Padres Críticos, abusan de su poder y lo controlan de la misma forma.

El Padre Crítico es el estado controlador del yo en nuestra personalidad; pero como podemos ver en el ejemplo, no sólo controla a los demás, sino que también nos controla de manera parecida. Autonomía, desobediencia, y finalmente la libertad, dependen de no estar sujeto a la influencia del Padre Crítico, externa o internamente. Eso significa no usar nuestro Padre Crítico, nuestra facultad de controlar, contra nosotros mismos ni dejar que otros la usen en nuestra contra. También significa que cuando alguien intente controlarnos, no exista una fuerte tendencia interna por permitirlo, ni de manera automática, ni refleja, ni con una respuesta sumisa. Y que tampoco haya una fuerte tendencia por controlar a otros como una forma de satisfacer nuestras necesidades o deseos.

CÓMO TRABAJA EL PADRE CRÍTICO

Hay dos formas en las que funciona el estado del yo del Padre Crítico en el mundo. Externamente, cuando lo aplicamos a otros, se manifiesta así mismo bajo la forma de juegos de poder. Internamente, se manifiesta como «voces en la cabeza». Es un problema permanente en la vida de las personas y se le ha llamado de formas muy variadas: Superyó destructivo, expectativas catastróficas, negatividad, baja autoestima, la sombra, pensamientos podridos o el Enemigo. El Padre Crítico es una realidad en la vida de todos. No obstante, el alcance sobre el que el Padre Crítico opera varía enormemente de una persona a otra. En general, el Padre Crítico nos inhibe de hacer lo que de otra forma haríamos. Hay ciertas conductas egoístas que están consideradas inmorales, como mentir, robar, o la violencia, en las que no nos implicamos no sólo por un sentido ético. Existen ciertas locuras que no cometemos porque son ineficaces o auto-invalidadoras, como beber y conducir, comer en exceso, o caminar por el frío sin ropa. También hay otras cosas que no son locuras ni egoísmos, pero que no hacemos por vergüenza, por temor o por las pocas ganas que tenemos de que nos corten el cuello. Una de las técnicas del Padre Crítico es justificar sus mandatos inhibidores sobre la base de la moralidad, de la eficacia o de la racionalidad, cuando de hecho ninguna de ellas es realmente la base de su funcionamiento. Habitualmente el razonamiento del Padre Crítico tiene que ver con el respeto a la autoridad y con el temor de que si no obedecemos nos excluirán de la tribu humana, abandonados a nuestra suerte, solos y sin cariño. El Padre Crítico es una agencia de espionaje para nosotros mismos y para otros, externa a nosotros, que quiere controlarnos. Cuando el Padre Crítico nos dice qué hacer y qué no hacer no mira por nosotros sino que es una estafa, una intimidación que representa los deseos de terceros, quienes no necesariamente tienen en mente nuestros intereses.

El Enemigo nos mantiene firmes y obedientes a la autoridad al hacernos sentir no-OK, que no estamos bien, al convencernos de que somos malos, estúpidos, locos, feos, enfermos o malditos, y que por tanto nada en lo que creamos o nada de lo que sintamos es válido a menos que coincida con la aprobación de aquellos a quienes respetamos y que tengan poder sobre nosotros. En la conciencia de algunas personas, el Padre Crítico es insistente, es la voz irritante que les dice que son malos y que están a un paso de fracasar. El Enemigo, con su melodía racional, puede sedar, moderar y, en ocasiones, debilitar todas las decisiones importantes. Puede ser como una voz paternal, moralista y autoritaria que nos amenaza con ponernos al borde del abismo infernal. El Enemigo nos puede perturbar en forma de molestias y dolores físicos, pesadillas o chispazos de terror. La mayoría de nosotros estamos al tanto de las voces en la cabeza que nos dicen lo que está mal en nosotros y cómo lo que estamos haciendo está mal. Si alguien nos está mintiendo y queremos cuestionar sus aseveraciones, el Padre Crítico nos dirá que no tenemos derecho a hacer esa clase de preguntas, que somos arrogantes y presuntuosos. Si alguien está intentando intimidarnos, el Padre Crítico nos dirá que somos débiles, que no tenemos fuerza suficiente para resistir, que no importa lo que hagamos, que fracasaremos. Si alguien está intentando quitarnos lo que es nuestro, entonces el Padre Crítico nos dirá que nos lo merecemos, que no trabajamos tan duro como para ganárnoslo, y que de todas formas tampoco iba a durarnos mucho. Si alguien nos aturulla hablando rápido y con argumentos falsos, el Padre Crítico nos dirá que somos unos ignorantes, ineducados, que no hemos leído lo suficiente, y que simplemente no sabemos lo suficiente como para ser capaces de defendernos a nosotros mismos contra ese tipo de abusos.

No todo el mundo es igualmente consciente de lo que realmente está diciendo el Enemigo. Para algunos de nosotros las palabras del Enemigo son bien claras como una grabadora dentro de nuestra mente. Otros perciben al Enemigo como un sentimiento horrible, un miedo a la muerte, que los marca para que se sometan, para que abandonen, que renuncien al poder, que se entreguen sin luchar.

En cualquier caso, tanto mediante mensajes verbales claros o vagos sentimientos de miedo y angustia, el Enemigo recorta nuestro poder de resistencia y nos hace dóciles a los abusos. Da igual la forma que tome el Padre Crítico, si lo desafiamos no puede sobrevivir ni ser eficaz. El Padre Crítico continúa operando solamente porque estamos deseando contentarlo y aceptarlo como una parte válida de nuestro mundo. Para vencerlo necesitamos reconocer que es arbitrario y que son terceros quienes nos lo han engarzado. Mientras se tarde en escuchar esto, creerlo y lograrlo, el Enemigo tendrá poder. Por eso es importante ser consciente del trabajo del Padre Crítico en nosotros mismos y en otros, y trabajar activamente para contrarrestarlo. Lo fuerte que sea nuestro Padre Crítico (o Enemigo) tiene mucho que ver con si nos sentimos poderosos o impotentes en nuestro día a día. Veamos ahora el sentimiento subjetivo de poder.

4. EL SENTIMIENTO SUBJETIVO DEL PODER

El poder es una cuestión de gran interés y que afecta a las personas: cómo conseguirlo, qué hacer con él, a qué se asemeja, cómo funciona. La gente admira y teme el poder, lo quiere y lo rechaza.

El poder se puede ver de dos formas. Se puede ver externamente; cuánto dinero, cuántos amantes, cuantos empleados o sirvientes, cuánta fortaleza física, cuántas tierras, el tamaño del guardarropa, cuántos vehículos, casas, barcos o aviones. Ésas son las cosas que asociamos al poder. Ésos son los atributos fácilmente apreciables que llenan las páginas de las revistas y que son clara y fácilmente retratados en las películas y en la televisión.

Pero existe otra forma de observar al poder y tiene que ver con cómo nos sentimos. Te habrá pasado al levantarte en una mañana maravillosa el sentir que todo está a tu favor y que la vida te sonreía. No tenías un céntimo en el banco, pero te sentías como un millonario. No serías el campeón de pulsos del barrio, pero por alguna razón, te sentías fuerte y poderoso. Este tipo de poder no es tan fácilmente perceptible a simple vista como lo es un Mercedes nuevo, pero es muy real en cualquier caso.

Para algunos de nosotros esa sensación de poder no es una excepción, sino la norma. Algunas personas se sienten esencialmente impotentes y en ocasiones tienen un momento en el que se sienten poderosas. Y otras se sienten poderosas, con sentimientos ocasionales de impotencia. Ese sentimiento subjetivo del poder no está siempre relacionado con la cantidad de dinero, coches, propiedades, relaciones, empleados o esclavos que una persona tenga. Este sentimiento subjetivo del poder, el sentirse atractivo, inteligente, sano y bueno, el sentimiento de ser más un ganador que un perdedor, lo tiene todo que ver con lo que cada uno sienta sobre qué capacidad personal tiene de dirigir los acontecimientos de su vida. Un ricachón que no pueda controlar la bebida y para quien todas las tardes terminan en un estupor etílico se siente impotente y sin la consideración de nadie. La estrella de éxito imparable que tiene millones de personas a sus pies pero que no puede obtener el amor de otra persona se siente impotente. El poderoso boxeador, campeón mundial de los pesos pesados, que no se puede disciplinar para entrenarse y mantener su título se puede sentir completamente impotente.

No quiero dar la sensación de pensar que el dinero no tenga nada que ver con lo poderoso que nos sintamos. Lo ricos tienden a ser más sanos, viven más tiempo, se divierten más que los pobres, y sería estúpido afirmar lo contrario. Uno de los mitos que parece calmar a los impotentes del mundo es que los ricos y poderosos no viven sus vidas tan plenamente como los pobres. Los pobres a menudo piensan que los ricos no tienen sexo, que no paran de trabajar, que están todo el día preocupados y que están enfermos. Esto no sólo no es cierto, sino que resulta muy beneficioso para los ricos y poderosos que los pobres lo crean: provoca que los impotentes perdonen a los ricos sus excesos y que toleren sus abusos de poder.

La sensación interna de poder o de impotencia y la apreciación visible y externa del poder de una persona no es necesariamente lo mismo. Puede existir el uno sin el otro. El sentimiento de poder proviene de la expansión, de la mejora, de la búsqueda de progreso. Si los ingresos anuales de una mujer crecen anualmente en una cantidad razonable, se siente poderosa. Si al mismo tiempo la devaluación de la moneda crece en una cantidad aún mayor ella se puede sentir impotente. La cuestión crucial para ver cuán poderosos nos sintamos está en cuánto consigamos de lo que queramos. Una mujer que quiera ser una treintañera multimillonaria se podría sentir decepcionada a los treinta y nueve por haber acumulado solamente un millón de euros.

Estos hechos peculiares sobre el poder son notorios, pero no sabemos qué hacer exactamente al respecto. La mayoría aceptamos que el camino al sentimiento de poder está, de hecho, en el dinero, propiedades, posesiones, empleados, estatus, educación y que al lograrlos invariablemente experimentaremos, a veces sólo brevemente, esos sentimientos de poder que perseguimos. Pero dado que la experiencia de poder depende del crecimiento, la expansión, y el movimiento hacia adelante, el hallar nuestro poder únicamente mediante la búsqueda de cosas materiales es probable que nos frustre a la mayoría de nosotros. ¿Por qué?, porque todos no podemos tener riqueza y posesiones siempre crecientes que nos mantengan sintiéndonos poderosos, y por lo tanto la mayoría de la gente se va a sentir impotente la mayor parte del tiempo. Haciendo depender nuestra sensación de poder de las cosas materiales probablemente fracasemos, ya que hay un límite en lo que podemos conseguir. Cuando nuestros sentimientos de poder dependen de cosas inmateriales como el amor, la sabiduría, la pasión o la capacidad de comunicar, entonces nuestras necesidades constantes de expansión y crecimiento pueden ser satisfechas porque esas cosas están disponibles de manera ilimitada. Siempre podremos encontrar alguien a quien amar o que nos ame, siempre hay algo nuevo que aprender o enseñar, o sobre lo que leer. Siempre hay algún asunto en el que implicarse, darse a conocer o en el que estar apasionadamente involucrado.

El sentimiento de impotencia viene de la preocupación por no ser capaces de lograr el trabajo que queremos o de ganar el salario que necesitamos según nuestros gastos y para la seguridad de la vejez; de obtener el afecto de la persona que amamos o de no ser capaces de controlar nuestra conducta; de no ser capaces de dejar de fumar o beber, de ser incapaces de despertarnos o de dormirnos; de no ser capaces de controlar nuestro temperamento o nuestros sentimientos de amor, de no ser capaces de mantener nuestra mente en un tema, o de evitar que nuestro pensamiento se aterrorice, se desanime o piense en el suicidio; de no ser capaces de defendernos de un trato injusto o de una persecución; de no ser capaces de poner fin a nuestros dolores de cabeza, de espalda o de terminar con nuestros resfriados y enfermedades. Todas éstas son experiencias comunes que la mayoría de la gente sufre en su vida diaria en alguna medida. Las personas que sean capaces de resolver con éxito todo lo anterior serían claramente felices y sin duda se sentirían poderosas independientemente de lo ricas o influyentes que sean.

IMPOTENCIA

Son las 6:30 de la mañana. Salta la alarma. Javier sale de un sueño profundo, su corazón late salvajemente mientras de reojo mira el reloj con incredulidad. Parece que hace sólo unos minutos que finalmente se decidió a tomar una pastilla para dormir, una hora y media después de que terminara la emisión de la última cadena de televisión. Se arrastra pesadamente mientras intenta calmarse para afrontar un nuevo día. Siente su cuerpo cargado y le preocupa que, al igual que ayer y cada día laborable desde que pueda recordar, esté somnoliento todo el día y que más tarde, tras salir del trabajo y tomarse un par de copas, una vez más estará despierto hasta pasada la medianoche. Julia ya está preparando café en la cocina. Le irrita que ella se pueda levantar tan fácilmente y siente que lo está evitando: llevan un mes peleados y parece que nunca encuentran tiempo ni lugar para arreglarse.

Mientras Javier cae en un nuevo sueño, la alarma lo vuelve a despertar. «Me tengo que levantar. Voy a llegar tarde al trabajo otra vez. Otra vez no. Hoy no». Se sienta en el borde de la cama y se da cuenta de que le duele la cabeza y tiene la espalda cogida. «¿Me tomo una aspirina? Mejor no, un café me hará el efecto».

Más tarde, y mientras se toma un café con sacarina, Javier ve unos pastelitos en la mesa. Decididamente tiene sobrepeso, y parece que sus endebles esfuerzos por hacer dieta y ejercicio para recuperar su figura juvenil no están funcionando. «¡Bueno, qué diablos!». Toma una magdalena: al menos esta vez no tendrá ese dolor de estómago que el café solo le deja para el resto de la mañana. Tras un beso ritual, arranca escaleras abajo para coger el autobús: se tendrá que dar prisa, pero aún está a tiempo. Al correr por la calle se resbala y casi cae a la acera mojada. Media manzana más adelante se acuerda de repasar los bolsillos. «¡Maldita sea, otra vez se me ha olvidado!». Se da la vuelta y corre hacia las escaleras. Irrumpe por la puerta. «Se me olvidó coger cambio para el autobús». Julia mira enfadada y le acerca el bote con el dinero suelto. Rápidamente agarra unas monedas y se escabulle hacia la puerta otra vez. Ahora sí que va tarde, y justo al girar la esquina escucha el siseo de la puerta del autobús cerrándose, y el estruendoso quejido del motor diesel al arrancar. «¡Otra vez! ¡Me ha pasado otra vez! ¿Por qué no puedo ser puntual?»

Diez minutos hasta el siguiente autobús; decididamente va a llegar tarde al trabajo. Saca un cigarro; había planeado no fumar al menos hasta el primer descanso para el café, pero esta situación no hay quien la aguante. Se sienta en el banco para recuperar el aliento. «Mejor llamo a Carlos al trabajo y le pido que me cubra los primeros quince minutos». Se busca en los bolsillos una moneda y se da cuenta de que si la gasta en una llamada otra vez estará sin cambio para el ticket del autobús. La cabina está a manzana y media de la parada: de camino a la cabina compra un periódico que no quería comprar, pero era la única manera de tener cambio. Alguien en la cabina está hablando. Le pasa otra ola de frustración. ¿Le va a dejar esa mujer hacer su llamada? Ella lo mira por el rabillo de los ojos haciendo como que no lo ve mientras continúa con su conversación. Se coloca en su campo de visión, balanceándose de un pie a otro. Se acumula su ira mientras ella charla tranquilamente ignorando su presencia. Apenas puede ver la parada del autobús desde el sitio en el que se halla, y ahora está considerando el saltarse la llamada de teléfono y asegurarse de no perder el autobús por segunda vez. Tras unos segundos de nervios, la conversación se ha terminado y la cabina está libre. Se lanza dentro, mete la moneda en la ranura, pero no puede acordarse del número del trabajo. ¿Era el 673-5251, o el 673-5254? Hurga en el bolsillo buscando su cartera. Le parece recordar que escribió el número en un papel. Encuentra la cartera y el papel, pone la cartera en el mostrador, y marca el número. Por suerte Carlos está justo ahí, respondiendo el teléfono, y tras un corto intercambio acepta cubrirle. Resoplando con alivio, Javier mira y ve el autobús que ya se acerca. Camina rápido hacia la parada y ya está en camino al trabajo.

En la oficina, está encantado de apoltronarse en su silla y ponerse a trabajar. No parece que nadie se haya dado cuenta de que haya llegado tarde y por fin se puede relajar. De repente, un relámpago de pánico lo alcanza. Su mano se dirige a su bolsillo. «Mi cartera, he olvidado la puta cartera en la cabina». Se levanta y se rebusca furiosamente en todos los bolsillos. Decididamente olvidó la cartera. No hay duda. Un estertor se le agarra al estómago; cae en la silla desencajado. Se escapa al cuarto de baño de hombres. Mientras se sienta en el retrete, fumándose el tercer cigarrillo del día, se acuerda que lleva dos semanas estreñido, tras otras dos semanas de diarrea. Está completamente hundido; se siente incapaz; está considerando suicidarse. Odia su trabajo, su esposa lo ignora, está enfermo, está gordo, fuma y bebe en exceso, no puede hacer frente a sus deudas, y se siente totalmente sin control sobre su vida. Se cubre la cara con las manos. Quiere llorar, pero las lágrimas no brotan. Ahoga un quejido.

El mismo día, Juan, el vecino de Javier, se ha despertado y ha leído durante media hora cuando se da cuenta de que es tiempo de levantarse de la cama. Disfruta especialmente las mañanas en las que se despierta temprano y lee o escucha la radio unos minutos antes de levantarse para ir a trabajar. Ya está bien espabilado y pensando en lo que hará por la tarde, cuando María regrese de visitar a su familia. Prepararán juntos una buena comida, y dormir con María siempre es algo maravilloso. Juan baja de la cama, se estira y despereza, se mira en el espejo. «Nada mal para un hombre de mi edad», piensa. «Aunque me tengo que quitar algún kilillo de la barriga». Va al cuarto de baño, se da una ducha rápida, se afeita y se limpia los dientes mientras escucha el pronóstico del tiempo. «Hoy va a hacer fresco; mejor que me ponga un abrigo» se dice a sí mismo de camino a la cocina. Se sirve un vaso de zumo de naranja mientras mira su agenda. Piensa en prepararse unos huevos, pero decide no hacerlo. «Tengo que acordarme de llevar la chequera al trabajo para ir de compras durante la comida» se dice. Mira el reloj y ve que tiene tiempo de sobra. Coge el móvil, marca, y la voz somnolienta de María responde.

—Buenos días. ¿Qué tal has dormido?

—Bien. ¿Traigo algo para esta noche?

—No, tenemos de todo.

—Vale, nos vemos a las cinco y media. Que tengas un buen día.

—María, te quiero.

Al salir coge algo de cambio, bailotea y baja las escaleras silbando. Caminando por las calles, mira a su alrededor y da un profundo respiro; el rocío de la mañana ha limpiado el aire, advierte el canto de los pájaros y que ya aparecen los primeros brotes de la primavera en los árboles. Se siente ligero como el aire; unido al sol entre los árboles, a la gente de la calle, y a la tierra bajo sus pies. Llega a la parada con algunos minutos de antelación y se monta en el autobús sintiéndose bien sabiendo que podrá escoger asiento y sonriendo al conductor, que le devuelve la sonrisa. Juan escoge un asiento junto a un hombre bien parecido que lo reconoce de otros trayectos al trabajo. Sentándose con placer, piensa, «Este es un buen comienzo para un buen día». Da un profundo suspiro, sonríe y comienza una conversación con su compañero de viaje.

En su mesa, al sentarse a trabajar, Juan se da cuenta de que ya no está contento. «Voy a cambiar de trabajo; este trabajo no me da lo que quiero». Se centra en sus papeles, planeando terminar pronto y comenzar a buscar otro trabajo en Internet. Más tarde, en el cuarto de baño de hombres, encuentra a Javier y nota lo triste que parece. Juan intenta averiguar que ocurre, pero Javier sólo sonríe infeliz. «Oh, simplemente me he levantado con el pie izquierdo: ¿y tú qué tal?». Vuelven al trabajo tras un amistoso adiós.

La mayoría de nosotros nos hemos sentido alguna vez en nuestras vidas como Javier o Juan. Tanto Javier como Juan trabajan en el mismo sitio, ganan igual sueldo, y tienen aproximadamente las mismas oportunidades en la vida. Pero Javier, impotente como se siente, también podría ser un ejecutivo de 150.000 euros al año que vive en un barrio exclusivo de Madrid, y Juan podría ser un dependiente de 50.000 euros al año en Barcelona. Los sentimientos de impotencia de Javier y los de poder de Juan tienen mucho más que ver con otras cosas que con sus ingresos y su estatus en la lucha diaria por ganarse el sustento. Creo que la mayoría de la gente con mucho gusto se contentaría con un sentimiento de poder, incluso si eso significa hacerlo sin los signos externos de poder, riqueza, control, e influencia. Y yo creo que la mayoría de nosotros buscamos ese sentimiento donde es más difícil de encontrar, en el Sueño de Poder, e ignoramos las fuentes de poder que se basan en la cooperación: nuestros corazones, cuerpos, y mentes.

¿Qué es lo que le da a Juan ese sentimiento de poder si no es su dinero, posesiones, ni objetos externos? ¿Por qué esa diferencia entre Juan y Javier? ¿Es solamente porque Juan tiene suerte? ¿Es por su educación? ¿Nació así? Si le preguntases a cualquiera de ellos esas cuestiones, es muy probable que no supieran realmente por qué. Las personas no entienden necesariamente qué es lo que lleva a un sentimiento de poder y bienestar. «Ser capaz de pagar mis deudas», «Estar enamorado», «Saber autodefenderme», «Tener una educación», «No tener que preocuparme por el dinero», «Conseguir un trabajo mejor». Estas son las respuestas habituales a la pregunta: «¿Qué te daría sentimiento de poder?». Las personas también saben que son respuestas parciales; que para un sentimiento sostenido de poder y bienestar se necesita algo más profundo y más pleno. Lo que eso sea, ya no es tan obvio. Vienen a la mente palabras como fe, seguridad, auto-aceptación y amor, pero no llegan a ser satisfactorias. La respuesta es complicada y no siempre se entiende bien; lo que nos hace sentir poderosos de manera satisfactoria y duradera, o por qué Javier y Juan se sienten de forma tan diferente, es un misterio que investigaremos en los próximos capítulos.

5. COMPRENDER LOS MITOS DEL PODER; LA EDUCACIÓN EN EL PODER

Los científicos tienen una buena comprensión del poder físico. Se puede medir y ajustarlo con precisión en fracciones de un ergio, que es la unidad de energía o poder físico. El poder de los motores o el potencial de energía que se almacena en una presa, en las baterías, en los muelles comprimidos, o en el vapor, se puede medir fácilmente con la ayuda de fórmulas y cálculos que cualquier estudiante de secundaria puede aprender. Pero el poder humano no es tan claro. Sabemos que algunas personas son más poderosas que otras, y tenemos algunas ideas vagas de por qué es así, pero las variables responsables de las diferencias no se entienden fácilmente: no se pueden medir ni registrar.

En física, sabemos que la energía depende de la fuerza y de la distancia sobre la que dicha fuerza se ejerce. Este conocimiento es probablemente el responsable de que tendamos a pensar en términos similares sobre el poder humano: que depende de lo lejos que podamos empujar a algo o a alguien.

Antes de que Isaac Newton cuantificara las leyes del movimiento y desarrollara la ciencia de la mecánica, la gente que se enredaba con aparatos mecánicos era capaz de usarlos sólo de manera intuitiva, que es como hoy en día lo hacemos la mayoría de nosotros. Si tenemos que mover un objeto grande, como por ejemplo un tronco, levantamos un lado, le damos patadas, lo empujamos, damos un paso atrás y le damos un vistazo, y normalmente pensamos en cuánta gente o qué clase de equipo haría falta para llevarlo adonde lo queramos poner, aunque en el proceso nos podemos lastimar la espalda.

Si el problema es más complicado, nuestra chispa intuitiva puede fracasar. ¿Qué clase de rampa sería necesaria para ponerlo en el remolque de un camión? ¿De qué longitud? ¿Qué grosor debería tener? La comprensión intuitiva de algunos (a veces conocida como «habilidad mecánica») puede alcanzar hasta ahí, pero no la de otros. No obstante, cualquier persona podría usar fórmulas y mediciones para calcular exactamente la inclinación, longitud, y grosor que debería tener una rampa para hacer esa tarea. La información sobre cómo hacer esos cálculos está disponible, y se puede aprender y enseñar dado que las variables en el área de la fuerza física y la energía son conocidas y se pueden cuantificar.

LA EDUCACIÓN EN EL PODER

Creo que en el futuro, el poder de las personas —otro que el meramente físico— será comprendido tan claramente como la energía física lo es hoy en día. No obstante, de momento la comprensión del poder humano es puramente intuitiva; algunas personas tienen una apreciación excelente, pero nadie lo entiende sobre una base científica.

Combinando esto con el hecho de que el poder no se entiende con claridad, resulta que hay múltiples mitos sobre el poder que están fuertemente arraigados en la mente de la gente. Existen tres mitos fundamentales sobre el poder:

El mito de que la mayoría de las personas son igualmente poderosas.

El mito de que la gente es básicamente impotente.

El mito de que la gente tiene poder completo sobre sus experiencias y su destino.

MITO Nº 1. TODOS TENEMOS EL MISMO PODER.

Los ciudadanos de los Estados Unidos creemos en la efectividad de nuestro sistema de gobierno para distribuir el poder más o menos correctamente entre sus ciudadanos. Después de todo, se controla la acumulación de grandes riquezas mediante leyes antimonopolio, impuestos graduales en función de los ingresos e impuestos de sucesiones. Las corporaciones son auditadas, sus libros deben estar abiertos, y han de celebrar reuniones de accionistas. Los políticos están sujetos al escrutinio público con regularidad, y los presidentes tienen un límite estricto de gastos de campaña y no pueden estar más de dos mandatos. Todos estos mecanismos son ejemplos de las muchas garantías que tenemos para evitar que alguna persona o grupo de personas acumulen un poder excesivo. Sabemos que algunas personas son más poderosas que otras, pero creemos que las diferencias no son grandes. Después de todo somos una democracia en la que todos somos iguales ante la ley. Puede haber desequilibrios enormes de poder en otros países, pero no en el nuestro.

Como la respuesta que me devolvió un policía a la inteligente argumentación que le di diseñada para que me anulara una multa, «Lo siento Sr. Steiner, pero si el presidente de Exxon o el Presidente de los Estados Unidos me pasaran a más velocidad del límite permitido, igualmente les pondría una multa, como a usted. Todos somos iguales en este país. Sobre todo, en eso consiste la democracia».

Mientras el oficial hablaba, me di cuenta que realmente él creía lo que estaba diciendo. Los desequilibrios enormes de poder existentes en los Estados Unidos para él estaban verdaderamente ocultos. Si le hubiera preguntado si creía en la existencia de una élite poderosa que tomaba la mayoría de las decisiones fundamentales que nos afectan, seguramente lo hubiera negado acaloradamente. Esa lección sobre la mitología del poder me costó ciento sesenta dólares (iba bastante rápido).

En realidad existe una élite de esa clase: un grupo de hombres —la mayoría no políticos electos— quienes afectan calladamente nuestras vidas sin conocimiento alguno por nuestra parte y quienes con más certeza no reciben multas de tráfico. La literatura que documenta estos hechos es amplia. Libros como *Power, Inc.*, *The abuse of power*, *The power elite*, *The power broker*, *The bohemian grove and other retreats*, *America Inc.*, *Who owns and operates the United States*, por citar algunos, explican con detalle quiénes pertenecen a este grupo, cómo funciona, cómo se reúnen sus miembros, cómo llegan a acuerdos, y cómo afectan a nuestras vidas.

Estos hombres saben cómo originar los resultados deseados en sus tratos con otros. En sus relaciones personales, en pequeñas reuniones, y cuando tratan con grandes grupos de consumidores, votantes, oponentes, o partidarios, usan su conocimiento del Control y suelen conseguirlo porque tienen una comprensión concisa de las variables y fuerzas implicadas en la manipulación de las personas.

Algunos los llaman la «élite del poder», otros la «clase dominante», los «súper-ricos», o simplemente los «ricachones» para otros.

Un error fundamental en nuestra información sobre los súper-poderosos es que nos inclinamos a pensar en gente que tiene poder o dinero como un único grupo: los ricos. La mayoría pensamos en salarios anuales en torno a 100.000 ó 200.000 €, como mucho. Pero 200.000 € al año no son nada para un súper rico. Ni se lo piensan para gastarse en un reloj el dinero que la mayoría de nosotros ni soñaríamos en gastar para un coche, o se gastan en un coche lo que tú o yo nos gastaríamos en una casa. Esta clase de riqueza y poder es tan difícil de imaginar para ti y para mí como lo era entender el valor de 1.000 € cuando teníamos tres años. Las cantidades de dinero (y por tanto de poder) que mueven los directivos de las principales empresas de este país están realmente más allá de la comprensión del ciudadano medio. Piensa en esto:

en este país, ganan lo mismo los del primer 5% que la suma de lo que ganan los del 85% del final.

¿Nada, dices? ¿No es la cuestión? ¿Hay cosas que no se pueden cambiar? Así es como se siente un montón de gente. Nos ocuparemos de ese mito después de tratar la creencia de que no existen grandes diferencias de poder en nuestro país.

Tanto en nuestro país como en el extranjero, en monarquías, democracias, caudillismos o países fascistas, los súperpoderosos se comportan como si el dar poder a las personas fuera una estupidez, como algo para no ser tomado en serio.

Un ejemplo de la manera en que se llevan las cuestiones más importantes sin aviso, sin nuestro consentimiento, y para nuestro dolor eterno estuvo en la guerra de Vietnam. La mayoría de lo que ocurrió en ese período de tiempo se le ocultó al pueblo americano. Pero si en los sesenta andabas por ahí y eras miembro activo en la lucha contra la guerra de Vietnam, sabrás la clase de reacción que aquellos que nos mandaban podían desencadenar sobre aquellos que estaban dispuestos a interferir en sus actividades. A los millones de personas que no apoyaron la guerra se les tomó el pelo sin contemplaciones. Enviaron a sus hijos a la muerte, los volvieron locos, mutilados y los obligaron a convertirse en asesinos sin discriminación. Durante muchos años no se pudo hacer nada para detener el proceso. La economía del pueblo y los recursos financieros fueron aplicados y usados para una guerra absolutamente sin sentido. Los pocos que se rebelaron contra esta atrocidad fueron perseguidos, encarcelados, golpeados, forzados al exilio y se les hizo víctimas de conspiraciones montadas para destruirlos. El hecho de que en última instancia a nuestra democracia le tomaran el pelo en ese asunto en particular ha tenido un efecto poderoso sobre nosotros en términos de conciencia del poder.

La segunda guerra de Irak tomó la misma trayectoria. Pero la gente ha aprendido ahora que es posible para unos pocos cristalizar los sentimientos de muchos, y mediante Internet y organizaciones eficaces, movilizar masas de personas que así tendrán algo que decir en los asuntos que les afectan. Por otra parte, las personas han aprendido el poder de la noviolencia. Han aprendido como comunicarse efectivamente, como buscar y usar la información, como colaborar en coaliciones de pequeños grupos, y están adquiriendo un fuerte sentimiento de búsqueda espiritual. Todo ello son manifestaciones de poder que aprendimos durante la lucha contra las guerras.

Pero no pensemos que quienes toman las decisiones principales de la economía y la política mundial permitirán que continúe este proceso sin presentar algo de lucha. La clase dominante protegerá el poder que tiene silenciosa y constantemente, lo extenderá cuanto pueda y durante todo el tiempo que pueda.

Nuestros gobernantes aprendieron una lección de los conflictos de Vietnam e Irak: la violencia directa ya no funcionará nunca más en los Estados Unidos para subyugar una rebelión popular. En el momento actual el arma principal es la mentira, aunque algunas fuentes con gran credibilidad afirmarán que el soborno, el chantaje y el asesinato también siguen en uso. Para triunfar en nuestro intento democrático, nos hemos hecho eruditos del poder; tuvimos que llegar a ser conscientes de la existencia del poder y de los métodos de los súper-poderosos, así como del poder que teníamos cada uno.

El monopolio sobre el poder de la élite poderosa se ve amenazado por cualquier comprensión por parte de la ciudadanía de la existencia y de los métodos del poder. Comenzar a vislumbrar cómo es en realidad la distribución del poder, cuánta cantidad está en manos de terceras personas, es un paso muy importante en la comprensión del poder y en la recuperación de nuestro poder de aquellos que tienen de sobra. Sin tener una conciencia de los súper-poderosos, no podemos honrar con eficacia nuestro propio poder: no podemos alcanzar a ver qué poder tenemos, cuánto poder hemos cedido, y cuánto poder hemos sido incapaces de desarrollar para nosotros mismos.

MITO N° 2. TODOS SOMOS IMPOTENTES.

A lo largo de un día normal se dan muchas frustraciones y dificultades ante las que como ciudadanos privados y aislados nos sentimos sin ninguna capacidad de mejorar nuestras vidas. Tanto si hay escasez de gasolina como si estamos en un atasco; si son los hijos del vecino o nuestros propios pensamientos los que nos vuelven locos; si tenemos que esperar largas colas en la oficina de correos o si estamos en el paro; si se terminaron nuestras prestaciones sociales o si nuestras reclamaciones van dando tumbos como un cubo de pelotas de ping-pong por el suelo; si tenemos que soportar abusos de los robacarteras, porteros de establecimientos, o de grandes corporaciones, estamos expuestos a sentir que somos completamente impotentes. En ese punto, tendemos entonces a culparnos a nosotros mismos y a creer que nos lo merecemos por haber abandonado el bachillerato o no terminar los estudios universitarios, que somos estúpidos, que carecemos de resolución y que no hemos trabajado todo lo duro que debíamos haberlo hecho. Nosotros mismos nos tumbamos. Nos hacemos desesperanzados. Abandonamos. Cuando nos sentimos así de indignos es probable que decidamos que somos perdedores totales, completamente impotentes, que las cartas están repartidas en nuestra contra, y que la situación se nos escapa sin remedio. Cuando caemos en ese estado mental, nos sentimos merecedores del repudio público y nos avergonzamos de nuestras limitaciones.

Si nos sentimos impotentes el tiempo suficiente, ese sentimiento se puede convertir en una segunda piel. El sentimiento de desesperación, de ser incapaz de cambiar las situaciones en las que nos hallamos envueltos, es algo familiar para los pobres y los habitantes del tercer mundo que viven en guetos y barrios bajos. La experiencia de la desesperación es constante, humillante y aparentemente sin solución.

Pero se puede hallar un sentimiento similar en todos los niveles sociales bajo la forma de fatalismo y nihilismo: esa creencia profundamente incrustada de que nada se puede hacer para cambiar las cosas, y que estas sucederán sin importar lo que hagamos.

Algunos tienen cierta afición por intentar animar a los que se sienten totalmente impotentes diciéndoles que tenemos el poder de cambiar las cosas si realmente lo queremos hacer: votando, escribiendo a nuestros representantes en el gobierno, los congresistas, o rezando más. Las sugerencias de esta clase, aparte de ser poco realistas, solamente harán que se sientan aún más impotentes al hacerles creer que sus dificultades son culpa propia por no esforzarse lo suficiente. Se nos ha dicho una y otra vez que las personas pueden ser poderosas como individuos únicos y aislados, que no necesitamos la ayuda de terceros para ser poderosos. La verdad, no obstante, es que una persona sola, una vez más allá de cierto punto de desesperación, no necesariamente puede ser capaz de salir del hoyo por sí misma. Tendrá que llegar una transfusión de energía externa. Asumiendo que no puede contar con la ayuda de Dios (si puede contar con ella tanto mejor), entonces tendrá que venir de otras personas. Necesitamos la ayuda de otros, y no es una vergüenza admitirlo, pero no se nos ha enseñado a verlo así. Nuestra tendencia a ser autosuficientes contribuye a nuestra desesperanza y oculta lo poderosos que realmente podemos llegar a ser.

La verdad es que la desesperación y el aislamiento van de la mano. Incluso si somos impotentes como individuos, podemos volvernos poderosos cuando nos unimos a otros para cambiar las cosas. Es realmente sorprendente lo que la gente puede hacer cuando trabaja junta. Aquellos que hacen del control su *leitmotiv* son intensamente conscientes del poder de la gente organizada. De ahí las drásticas medidas que se toman en los países totalitarios contra los agrupamientos (más allá de los eventos deportivos, en los que la atención se distrae de los sentimientos de impotencia) y contra los sindicatos y partidos políticos, todas ellas situaciones que pueden ofrecer amenazantes oportunidades de organización.

El sentimiento de impotencia siempre tiene un componente que está justificado y otro que no lo está —llamado «impotencia sobrante» por Michael Lerner—. Asumiendo que hasta cierto punto todos lo somos, impotentes ante todas las cosas y personas que nos oprimen, aún así tenemos un montón de poder para darle la vuelta a las situaciones. Donde una persona sea impotente, ocho personas concienciadas tendrán una oportunidad, doce serán capaces de darle la vuelta, y cientos podrán mover montañas. Sólo mira lo que Jesucristo y sus doce apóstoles fueron capaces de conseguir. Lo que hicieron está documentado en *The power tactics of Jesus Christ*, de Jay Haley.

El principal antídoto contra la impotencia es la acción colectiva. El mito de la impotencia solamente sobrevivirá en tanto en cuanto las personas no se organicen para tomar poder.

MITO Nº 3. SOMOS TAN PODEROSOS COMO QUERAMOS SER

Junto al mito de la impotencia, está otro mito que sostiene que nuestra vida es exactamente como queremos que sea: el mito del poder personal absoluto. Si realmente queremos tener éxito, lograrlo o no dependerá completamente de nosotros mismos. Estamos al mando de nuestro destino en solitario; en resumen, creamos nuestra propia realidad.

Esta idea es un descendiente del «Sueño de Poder Americano» ya que es una artimaña de las condiciones económicas y geográficas en las que los Estados Unidos ha vivido en el último siglo. Las condiciones de abundancia, las cuales solamente unos pocos fueron capaces de explotar en su beneficio con facilidad, crearon la ilusión a la mayoría de norteamericanos de que el éxito y la felicidad eran meramente cuestión de estar dispuestos a trabajar duramente.

El Sueño Americano ha sido una ilusión monumental para la mayoría de las personas de este país. El mito persiste aún en hacernos creer que podremos y lograremos alcanzar el

Sueño como algunos otros y que al final nos tocará esa lotería. El problema es que la mayoría de nosotros no lo conseguirá. El mito del poder personal absoluto ha ganado aceptación dentro del «movimiento del potencial humano». Según esta visión, las personas son totalmente responsables de sus vidas. Esta idea, que ha logrado una aceptación generalizada, realmente tiene una base válida: la persecución de la felicidad es un desafío objetivo, y una gran parte depende de nuestros actos y actitudes. Pero cuando este punto de vista se llega a distorsionar como una fe insensata en nuestro poder absoluto para controlar nuestro destino, se puede pensar con razón en ella como una noción idiota.

La palabra «idiota» viene del griego «idiotés», que significa alguien que va sólo. Por tanto, la noción idiótica, como apunta John Wikse en su libro *About posession*, es el mito del poder del individuo. Existen muchas personas intentando vivir guiadas por ese mito. Intentan sentirse poderosos y asumen que si tienen éxito, sus sentimientos subjetivos de poder se corresponderán con una capacidad real de ser poderosos en el mundo. Cuando no consiguen lo que quieren, cuando yerran o enferman, se culpan a sí mismos por el fracaso, piensan que carecen de concentración, de deseo de poder, o de la actitud espiritual apropiada. La realidad es que el éxito o el fracaso en esta vida dependen de algo más que de lo que nosotros, aislados en nuestra burbuja, hagamos o pensemos.

La gente a menudo se siente poderosa. Este sentimiento se puede basar en la realidad, o puede simplemente ser una condición subjetiva. No obstante, incluso cuando el sentimiento de poder es subjetivo, no es necesariamente del todo ilusorio. El poder subjetivo es un disparador eficaz o un catalizador para el desarrollo de poder real. La seguridad en uno mismo y el poder del pensamiento positivo nos dan cierta cantidad de poder real ya que nos da fe y esperanza. Preparan la maquinaria para el poder objetivo. Pero basarse en este sentimiento como fuente prolongada de poder en este mundo es un camino hacia la impotencia. Nos hace idióticos, borregos auto-engañados listos para ser trasquilados según les plazca.

¿Por qué es tan atractivo este mito? Creo que, al igual que la botella, o el porro, o la pipa de opio a las que se acude cuando las cosas se complican como para manejarlas, este mito nos ayuda temporalmente a escapar del horrible sentimiento de ser incapaz de mantener la cabeza por encima del agua. Cuando nos tememos que no podremos con la vida ayuda pensar que, con esfuerzo y ganas, podríamos en solitario cambiar todo en nuestro favor y mejorar nuestras vidas. Nos da esperanzas cuando nos sentimos desesperados. Hace que la vida merezca la pena ser vivida. Desgraciadamente, en la mayoría de los casos, no es un mito práctico. Es cierto, la esperanza es una fuerza importante en la vida de las personas. Cuando estamos completamente desbordados y paralizados, un rayo de esperanza es capaz de darnos ese impulso extra, ese empujón de energía adicional que ciertamente puede ponernos en marcha otra vez. Pero la esperanza es una chispa, como la mecha de un cartucho de dinamita. Por sí misma puede hacer muy poco para mover montañas sin algo que haga el movimiento real. Basar en esa chispa ilusoria el poder de nuestras vidas es un error.

Antes de que podamos ser verdaderamente poderosos, se tiene que comprender como tal el mito de que somos los maestros de nuestra propia realidad. La verdad es que ni somos completamente impotentes, ni completamente capaces de crear nuestra propia realidad. La realidad descansa en algún lugar entre ambos puntos. A veces, bajo determinadas circunstancias, podemos crear nuestra propia realidad. A veces, debido a otras circunstancias, somos verdaderamente poderosos. A menudo tenemos el poder para acometer ciertas cosas y somos impotentes para acometer otras. Lo que sintamos no es sólo cosa nuestra, sino también el resultado de la realidad que nos rodea.

Lograr el éxito en la vida no es sólo el resultado de lo duro que trabajemos, sino de qué oportunidades encontramos en el camino, cuánta gente nos apoya en nuestros esfuerzos, qué clase de recursos tenemos al alcance, y cuánto sabemos del poder. El poder que tengamos en un momento dado depende de cuánto reunamos y juntemos en esa situación y cuánta aceptación nos ofrezca el mundo en respuesta a nuestros esfuerzos. Es, de hecho, una estipulación del 50-50, ó del 70-30, ó del 80-20. Nuestro poder depende en parte de lo que hacemos y en parte de lo que como respuesta hagan otros. Ni el mito de la impotencia ni el mito del poder absoluto tienen sentido alguno en el mundo real; lo que se necesita es un conocimiento exhaustivo sobre el poder y la manera en que funciona, una alfabetización en el poder.

JAVIER Y JUAN VISITADOS DE NUEVO

La diferencia entre Javier y Juan en el capítulo anterior no es accidental. Nada en mi descripción apunta en concreto cuál es la diferencia entre ellos; así que demos un vistazo tras la tramoya y veamos qué puede estar sucediendo que explique experiencias tan dispares.

Javier no se comunica muy bien con la gente. Vemos que cuando tiene la oportunidad de contarle a Juan cómo se siente, Javier declina hacerlo, prefiriendo parecer que está bien y salvar la cara. Él siente, y su Enemigo le dice, que él y solamente él debería ocuparse de sus asuntos y que es un signo de debilidad «andar lloriqueándole a todo el mundo». También percibe una sensación de desesperación que le provoca dejar de intentar estar sano. Su Padre Crítico lo ha convencido de que es débil de carácter y no se da cuenta de que es una víctima de las industrias alimentarias, las tabaqueras, las farmacéuticas, o las de bebidas alcohólicas, quienes con su publicidad de presupuesto billonario y sus campañas de relaciones públicas aplican constantemente una presión efectiva sobre él para consumir sus productos perjudiciales y debilitantes. Su Enemigo coincide con él en que no tiene voluntad.

Su relación con Julia es responsable en gran parte de sus sentimientos de impotencia. Consigue muy poco consuelo de dicha relación: en su lugar, un sinfín de energía se malgasta en peleas que son series de juegos de poder sobre quién tiene la razón y quién está equivocado, de quién es la culpa, quién gana y quién pierde. Sospecha que ella ya no lo quiere, y él ya no está seguro de que eso le importe. Pero eso nunca lo hablan entre ellos, así que la pelea continúa.

En el trabajo la situación es incluso peor. Javier no disfruta de su trabajo. En consecuencia su jefa tiene un constante regusto de insatisfacción y lo muestra mediante frecuentes intentos de dominarlo y hacerle juegos de poder para que realice más y mejor trabajo. Javier se resiste con juegos de poder pasivos. Llega con frecuencia tarde al trabajo y dormita en su puesto, se toma largas paradas para el café, e intenta salir antes. En privado Javier cree (y nuevamente su Enemigo coincide con él) que es un vago. Odia a su jefa (ciertamente no hay amor entre ellos) y trabajar tan juntos resulta extremadamente incómodo para los dos.

Javier tiene que manejar tres áreas problemáticas fundamentales: su Enemigo (que es la fuente de su deseo de «hacerlo solo» para salvar la cara), sus luchas de poder con su esposa, y su penosa situación laboral. Estas tres áreas son un drenaje constante de energía y poder.

Cuando se juntan todas las tensiones, a Javier ya no le queda energía. Es olvidadizo. No puede pensar con precisión. No tiene tiempo para la belleza o el placer. Está exhausto y enloquecido a la vez. Toma medicamentos para aguantar sus sentimientos de disgusto, y durante un tiempo funcionan, pero sus efectos secundarios se añaden a sus problemas. Las pastillas para dormir lo dejan sonado durante el día. Los cafés que se toma y los cigarros que fuma lo tienen despierto por la noche y le provocan diarrea y dolor de estómago. Para bajar su peso hace dieta, aunque la hace tan erráticamente que no pierde peso pero incurre en insuficiencias nutricionales. Para controlar su depresión toma pastillas antidepresivas y para sus síntomas de ansiedad toma ansiolíticos. Para calmar su quejicosa panza, la engaña con alimentos azucarados, magdalenas, caramelos y refrescos. Al principio el azúcar es como un chute en el brazo y luego lo deja aletargado. Los edulcorantes artificiales y otros aditivos alimentarios lo vuelven irritable.

No se cuestiona por qué se siente impotente; no puede controlar lo que se le pasa por la cabeza o lo que se pone en la boca. Sus relaciones y sus emociones parecen desequilibradas la mayoría del tiempo.

En contraste, Juan es más comunicativo que Javier. Cuando se siente mal es probable que encuentre a alguien con quien comentarlo y pensar en cómo mejorar las cosas. María y él, especialmente, se hablan el uno al otro abiertamente y raramente se pelean. Cuando hay algún conflicto saben cómo resolverlo sin juegos de poder, buscando soluciones cooperativas. En el trabajo, si bien no está contento con él, realiza sus tareas y no permite que su jefe le haga juegos de poder. Su jefe está razonablemente satisfecho y lo respeta. Le agradan sus compañeros y se relaciona con ellos de manera amistosa y cooperativa. Sus relaciones laborales y conyugales le dan energía en vez de restarle poder. En consecuencia tiene un excedente de energía con el cual puede vigilar su dieta, hacer ejercicio, planificar, pensar las cosas, o limitar su consumo de café, cigarrillos, azúcar y pastillas. Tiene hueco en su vida para apreciar la belleza y relajarse, lo cual le energiza aún más. Su Padre Crítico no es muy fuerte y apenas le afecta con profundidad. El efecto conjunto de todo ello es que se siente poderoso.

Profundicemos ahora en el funcionamiento del poder aprendiendo más sobre el Control y los juegos de poder de la gente.

SEGUNDA PARTE

LOS JUEGOS DE PODER

LOS JUEGOS DE PODER

Usamos juegos de poder cuando creemos que no podemos conseguir lo que queremos sólo pidiéndolo. Estamos familiarizados con las situaciones en las que la pérdida de una persona es la ganancia de otra, y a menudo asumimos que lo que queremos es escaso y no puede ser obtenido sin competir por ello.

Los Juegos de Poder pueden ser físicos o psicológicos, y varían desde burdos a sutiles. Los Juegos de poder también se pueden clasificar por «familias» de maniobras similares. Exploraremos variaciones burdas y sutiles de los juegos de poder de «Todo o Nada», de Intimidación, Conversacionales, juegos de poder con Mentiras y juegos de poder Pasivos.

La educación en el poder implica el conocimiento de cómo funciona el poder y cómo usarlo. Cuando se inicia el juego de poder, el receptor tiene cuatro opciones: someterse, escalar en el juego respondiendo con otro juego de poder, usar una antítesis y finalmente la persona puede responder cooperando. La respuesta cooperativa es un esfuerzo para encontrar una solución creativa que satisfaga ambas partes.

6. CLASIFICAR LOS JUEGOS DE PODER

Difícilmente notamos cómo trabaja la dominación, ya que estamos inmersos en ella desde el nacimiento. Cuando la dominación es manifiestamente física es difícil equivocarse; no hay nada sofisticado en un puñetazo en la cara. Pero la sutilidad física o psicológica de algunos juegos de poder los hace no siempre fáciles de detectar.

Si queremos contrarrestar el control irracional o el abuso de poder de una manera efectiva, necesitamos comprender completamente cómo funcionan los juegos de poder. El valor del Análisis Transaccional se puede ver aquí claramente. Los juegos de poder son transacciones interpersonales. Con el Análisis Transaccional podemos observar de cerca las maniobras de las relaciones de poder, paso a paso, y analizarlas. Una vez las comprendamos tenemos la oportunidad de calcular cómo evitarlas en nuestras vidas; usándolas o siendo subyugados por otros.

DEFINICIONES

La definición de poder, y esto es aplicable en todas las ciencias, desde la energía física al poder de la psíquica, es «la capacidad de crear cambios frente a la resistencia» y opuestamente «la capacidad de resistencia al cambio».

Los juegos de poder pueden ser activos o pasivos. Los juegos de poder activos son transacciones que usamos para conseguir lo que deseamos cuando esperamos resistencia de la otra persona. De modo opuesto, los juegos de poder pasivos son las transacciones que usamos cuando queremos resistir los deseos de otros.

Cuando queremos un cambio determinado y esperamos resistencia contra él usamos juegos de poder en vez de simplemente pedirlo, porque no creemos que una aproximación directa pueda funcionar. A menudo usamos los juegos de poder cuando no son necesarios, porque la otra persona querría cooperar y dejarnos obtener lo que queremos. También, un número sustancial de transacciones de juegos de poder de hecho ocurre porque la otra persona pudo resistirse. En cualquier caso, los juegos de poder están dedicados a deshabilitar a otra gente forzando nuestros deseos sobre ellos.

Los juegos de poder son equivalentes al abuso de poder. Hay dos formas principales que el abuso de poder puede tomar: físico o psicológico, y se puede mostrar de manera burda o sutil. Imaginemos, por ejemplo, que estás sentado viendo un partido de fútbol en un asiento que me gustaría ocupar. Como yo asumo que no vas a dejarlo alegremente, decido tomarlo. Si soy lo bastante fuerte, puedo ser capaz de empujarte o levantarte de tu asiento, y esto es un ejemplo de juego de poder físico. Por otro lado, puedo tener el poder psicológico de sacarte de tu asiento sin usar la fuerza física.

El poder psicológico depende de mi capacidad de conseguir que hagas lo que yo quiera y que tú no quieres hacer; en este caso está diseñado para conseguir que por ti mismo abandones el asiento. Puedo causar que dejes tu asiento creándote sentimientos de culpabilidad. Te puedo intimidar con amenazas. Te puedo seducir con sonrisas, o con una promesa, o te puedo convencer de que cederme tu asiento es lo correcto. Te puedo engañar o timar. En cualquier caso, si supero tu resistencia a dejar tu asiento sin usar la fuerza física, he usado una maniobra de poder psicológico —un juego de poder— que está basada en tu obediencia. Por supuesto no debemos olvidar que también es posible que tú me cedas amablemente tu asiento, en cuyo caso no es necesario ningún juego de poder ni interviene la obediencia.

Si imaginamos un plano bidimensional en el que un eje es la línea Burdo-Sutil y el otro eje es la línea Psicológico-Físico, podemos dividir los juegos de poder en cuatro cuadrantes.

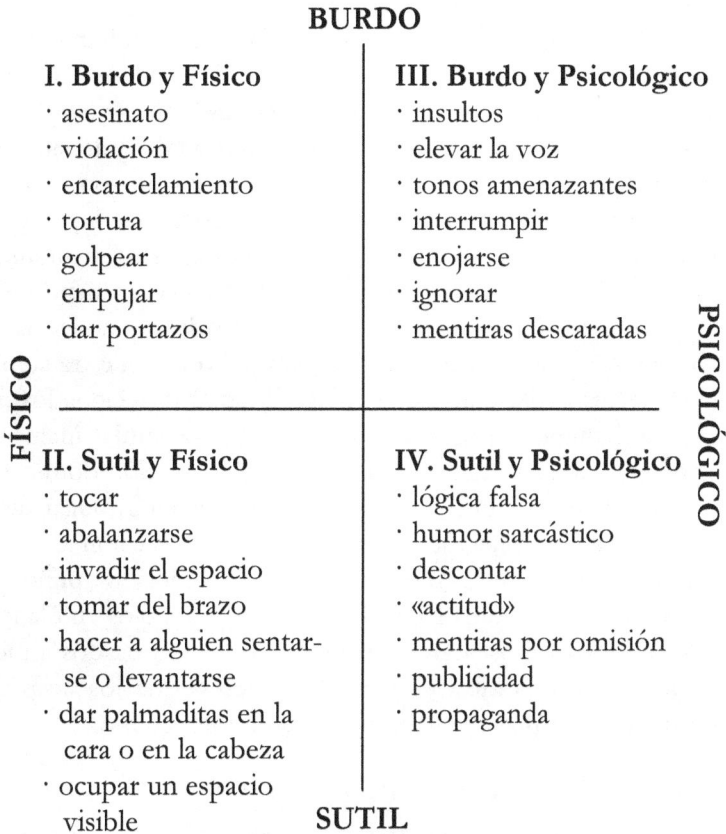

BURDO

I. Burdo y Físico
· asesinato
· violación
· encarcelamiento
· tortura
· golpear
· empujar
· dar portazos

FÍSICO

III. Burdo y Psicológico
· insultos
· elevar la voz
· tonos amenazantes
· interrumpir
· enojarse
· ignorar
· mentiras descaradas

PSICOLÓGICO

II. Sutil y Físico
· tocar
· abalanzarse
· invadir el espacio
· tomar del brazo
· hacer a alguien sentar-
  se o levantarse
· dar palmaditas en la
  cara o en la cabeza
· ocupar un espacio
  visible

IV. Sutil y Psicológico
· lógica falsa
· humor sarcástico
· descontar
· «actitud»
· mentiras por omisión
· publicidad
· propaganda

SUTIL

FIGURA 1. Juegos de Poder

ENTENDER EL PODER DEL CONTROL

Hay dos formas principales de poder de control: físico y psicológico. Cada una puede ser expresada tanto burda como sutilmente. Hay cuatro tipos de juegos de poder:
    I. Burdo físico,

93

II. Sutil físico,
III. Burdo psicológico, y
IV. Sutil psicológico.

JUEGOS DE PODER FÍSICOS

I. Los juegos de poder **Físicos y Burdos** resultan obvios a simple vista y en orden ascendente de crudeza incluyen arrojar cosas, dar portazos, dar empujones, golpear a alguien, o aún peor, encarcelar, secuestrar, torturar, violar y asesinar.

II. Los juegos de poder **Físicos y Sutiles** no son visibles tan fácilmente, y son más difíciles de describir que los juegos burdos anteriormente citados. No obstante, estas maniobras de control también dependen de medios físicos. Cuando estamos sujetos a juegos de poder sutiles puede que no estemos alerta sobre qué se está haciendo para provocar nuestra sumisión, incluso si estamos sobre aviso de estar coaccionados de alguna manera. Estos juegos de poder físicos sutiles incluyen comportamientos como colocarse en una posición dominante sobre alguien o acercarse mucho, situarse en un lugar destacado de la habitación, sentarse tras la protección de una mesa, entonaciones agresivas de la voz, apretar los puños o las mandíbulas, gestos faciales como poner los ojos en blanco o fruncir los labios. Estos juegos de poder son usados a menudo por los hombres sobre las mujeres, que los aceptan como algo normal en el comportamiento masculino.

JUEGOS DE PODER PSICOLÓGICOS

Los juegos de poder físicos y burdos, casi con certeza en nuestro entorno, no serán una experiencia común para la generalidad de los lectores de este libro. La mayoría de los juegos de poder que encontramos en clases medias y altas que leen (o escriben) libros son sutiles, tanto físicos como psicológicos.

Los juegos de poder psicológicos funcionan porque la gente está entrenada para obedecer desde la infancia. Si te motivo a actuar haciéndote sentir culpable, persuadiéndote de que lo que quiero es lo correcto a decir o a hacer, o decirte una mentira absurda, si puedo superar tu resistencia sin medios físicos, he usado un juego de poder psicológico. Incluso en los ambientes más violentos, como en prisión o en el campo de batalla, la gente no sufre principalmente por la opresión física directa. En vez de esto, sus mentes están controladas por la amenaza puramente psicológica de la violencia. En nuestra sociedad esto es especialmente cierto en los hogares en que la esposa y los hijos son golpeados y maltratados físicamente.

Los juegos de poder psicológicos están a nuestro alrededor en la vida diaria. Algunos son burdos, y otros sutiles.

III. Los juegos de poder **Psicológicos Burdos** incluyen las miradas y tonos de voz amenazantes, insultos, las mentiras descaradas, y la gesticulación excesiva. También: las interrupciones, el ignorar claramente, o murmurar algo mientras alguien habla.

IV. Los juegos de poder **Psicológicos Sutiles** incluyen mentiras hábiles, mentiras por omisión, gestos casi desapercibidos, el humor sarcástico, el chismorreo, la lógica falsa, ignorar lo que alguien dice, y en niveles superiores, la publicidad y la propaganda.

Los juegos de poder tienden a escalar desde lo sutil a lo burdo y de lo psicológico a lo físico. Se juegan en sucesión con el propósito de ganar y escalarán de psicológico sutil hacia abiertamente físicos hasta que uno u otro jugador se rinda. Sólo muy raramente, una vez que comienza el flujo competitivo, resulta que una o ambas partes para y rehúsa continuar por esa senda. Marcos, por ejemplo, hizo desde intentos sutiles de manipular a Juana, a los gritos, mostrar los puños apretados e incluso por un momento consideró la violación, el juego de poder sexual más crudo.

Desarrollemos ahora una clasificación de los juegos de poder psicológicos que he dividido en cuatro familias de acuerdo al tipo de maniobras de poder:

1. Todo o Nada, juegos de poder de la escasez.
2. Juegos de poder de la intimidación.
3. Juegos de poder de las mentiras.
4. Juegos de poder pasivos.

La siguiente parte de este libro está dedicada a estas cuatro familias de juegos de poder psicológicos, burdos y sutiles, y como tratarlos.

7. TODO O NADA: JUEGOS DE PODER BASADOS EN LA ESCASEZ

«Todo o Nada» lo juegan en todo el mundo los jefes, trabajadores, maridos, esposas, padres, hijos y corporaciones. Hace presa sobre el temor de las personas a la escasez. Depende de la explotación del temor de la gente a encontrarse en extrema necesidad, privadas de algo que necesitan urgentemente.

QUIÉREME O DÉJAME

En las relaciones entre hombres y mujeres, «Todo o Nada» se juega a menudo en la forma «Quiéreme o Déjame», «Entras o Sales» y «Carne o Pescado» por personas que quieren un compromiso serio de otra. Este juego de poder puede ser efectivo con hombres que son reacios a involucrarse emocionalmente y es un método a menudo usado por las mujeres para obtener seguridad, creando una escasez de calidez emocional y de sexualidad. Los hombres lo suelen usar cuando andan buscando sexo, amenazando con abandonar su presencia física y apoyo.

LO TOMAS O LO DEJAS

«Lo tomas o Lo dejas», «Ahora o Nunca», «Conmigo o Contra Mí» son algunas variaciones de «Todo o Nada».

Esposa: «De acuerdo, nos separamos, pero si te vas ahora de casa, no vuelves a entrar». (Si me dejas ahora me quedo con todo).

Jefe: «Si no puedes trabajar el domingo, no te molestes en venir el lunes». (O te sometes o te quedas sin trabajo).

Psicoterapeuta: «Eres libre de dejar el tratamiento cuando quieras. Es prerrogativa tuya, pero por supuesto te darás cuenta de que tengo una lista de espera; si posteriormente quieres retomar la terapia tendrás que esperar tu turno». (Permanece en terapia o afronta tú solo el mundo cruel.).

Gerente de la Compañía Maderera: «Si no podemos talar estos pinos nuestros empleados perderán su trabajo». (Dennos los árboles o crearemos una crisis de empleo).

Gerente de Fábrica: «Si insiste en formar un sindicato tendremos que cerrar la planta y trasladarla a China». (Acepte sueldos bajos o afronte el desempleo).

LA AVARICIA Y EL TEMOR A LA NECESIDAD.

La avaricia es una complicación a los problemas causados por la escasez. El mundo está lleno de personas con miedo a la necesidad; unos en gran medida y otros en muy poca. La avaricia implica acumular más de lo que necesitamos. Aquellos que temen pasar necesidades a pesar de tener acumuladas grandes cantidades son vistos como avariciosos.

Por ejemplo, en un buffet, alguien que tema que lo dejen sin comer puede lanzarse sobre la mesa y llenar su plato con montones de comida. Su intención no es necesariamente tener más que el resto o llevarse un extra. Más bien, y debido a su miedo a la escasez, mientras intenta asegurarse de tener lo suficiente, puede servirse mucho más de lo que va a tomar. Una vez con el plato a rebosar puede decidir que debería comérselo todo, y así no tendrá hambre más tarde. El miedo a la escasez afecta a todas sus comidas, provocando que se sirva más de lo necesario, comiendo en exceso y teniendo que tirar las sobras. Al final, puede ser que espere y «necesite» un excedente de comida. Sus temores de escasez pueden provocarle ser un avaricioso en otras áreas de su vida.

En contraste, una persona que no teme la escasez se servirá la comida de la mesa confiada en que será suficiente, la tomará, y si necesita más, se servirá un poco más, y no excederá sus necesidades ni acumulará un exceso de comida en su plato. Probablemente no terminará harta, y toda su relación con la comida será más satisfactoria que avariciosa, incluso si, alguna vez, se queda un poco hambrienta.

LA ESCASEZ DE CARICIAS; LA ECONOMÍA DE CARICIAS

La ley de la oferta y la demanda en economía determina que el valor de algo está no sólo en función de la necesidad que alguien pueda tener de un bien, sino también en la escasez relativa de dicho bien.

Hace tiempo, la gente descubrió la ventaja que suponía obtener control sobre algo fácilmente disponible y necesario, y retenérselo a los demás. Creando una escasez artificial de algo que las personas quieren, no importa lo disponible que pueda estar, la persona que controle ese bien será capaz de obtener grandes beneficios. Se han producido recortes artificiales sobre mercancías como la gasolina, diamantes, metales, alimentos, textiles, agua y en muchos otros bienes creando monopolios que los pusiesen fuera del alcance de la gente. Durante estos recortes, las personas compran y acumulan estos artículos incluso si tienen que pagar un alto precio por ellos. La ley de la oferta y la demanda es tan poderosa que se han tenido que aprobar leyes antimonopolio para proteger al pueblo de esta clase de explotación por parte de empresas especuladoras. La forma en que la escasez y la ley de la oferta y la demanda nos afectan se aplica no sólo a artículos esenciales como la gasolina, el agua, la comida o materias primas, sino también a necesidades psicológicas como el contacto humano y la afiliación.

En el Análisis Transaccional hablamos de contacto humano con el término de caricias. Eric Berne definió la caricia como la unidad de reconocimiento social. Una caricia positiva es la unidad de afecto humano o amor. Una caricia negativa es la unidad de aversión humana u odio. Ambas son formas de reconocimiento.

Los bebés necesitan reconocimiento o caricias para su supervivencia física, y a medida que crecen, aunque pueden sobrevivir físicamente sin caricias, las necesitan para mantener su salud psicológica. Las caricias son esenciales para la supervivencia y el bienestar. La investigación prueba de forma abrumadora que las personas que tienen filiaciones positivas que les proveen de caricias viven más tiempo, tienen menos enfermedades y se recuperan de éstas más rápidamente. En particular, son menos propensas a desarrollar enfermedades de corazón y más propensas a sobrevivir y a recuperarse tras un infarto.

Las caricias positivas podrían estar disponibles libremente: excepto por las limitaciones impuestas por el tiempo o por las carencias de las personas, el suministro de reconocimiento humano podría ser virtualmente ilimitado. Incluso las caricias positivas resultan escasas por una economía artificial que reduce su circulación y disponibilidad.

¿Por qué el amor, que debería estar libremente disponible, es normalmente tan escaso? Esto es el resultado de una serie de reglas, que denomino la «Economía de Caricias», impuestas desde nuestra primera infancia, que adoptamos y traspasamos a nuestros propios hijos. Estas reglas, que restringen el intercambio de caricias entre las personas son (a partir de ahora me referiré a las transacciones positivas como simplemente «caricias»):

No pidas caricias que quieras recibir.

No des caricias que quieras dar.

No aceptes caricias que quieras recibir.

No rechaces caricias que no quieras.

No te des caricias a ti mismo.

Cuando se siguen estas reglas, el efecto que se obtiene es el de reducir dramáticamente el contacto humano positivo. Debido a la obediencia a las reglas de la Economía de Caricias, los muy necesarios amor y afecto resultan escasos y por tanto valiosos, en la misma medida que bienes como la comida, la tierra o el agua potable son valiosas. Pero el agua, la comida o la tierra, son normalmente escasas ya que no hay suficiente para todos los que las quieren, mientras que las caricias son escasas sólo de manera artificial.

Por esta escasez artificial, la gente está deseando trabajar durante largas jornadas, pagar dinero, embarcarse en negocios y trueques, y viajar grandes distancias para obtener las caricias que necesitan. Y cuando las caricias positivas escasean las personas también persiguen caricias negativas, que al menos sirven para proveer estímulos y reconocimiento humano, aunque sea doloroso y tóxico.

Por ejemplo: Javier, en nuestro ejemplo previo, consigue pocas caricias de Julia o de su trabajo. Pierde el contacto humano positivo, y gasta grandes cantidades de dinero yendo a bares a beber para relajarse y ser capaz de tener algo de diversión con otros colegas de barra. También tiende a gastar demasiado en ropa nueva y conduce coches caros, ya que cree que lo hacen más atractivo.

Cuando fuma, se imagina a él mismo como un astuto criminal al estilo de los Soprano, y piensa que lo hace más interesante. Todo esto le cuesta más dinero del que puede ganar y le hace mantenerse en un puesto de trabajo que no le gusta. Incluso visita ocasionalmente una sala de masajes donde se gasta el sueldo de medio día de trabajo por media hora de conversación y masaje «local» con una prostituta.

Javier y Julia discuten a menudo. Muchas de sus peleas con Julia comienzan como intentos rebuscados para obtener las caricias que ambos necesitan; a menudo se implican en juegos de «Alboroto» que comienzan como un intento de conseguir afecto y terminan produciendo odio.

Todas estas situaciones desagradables son el resultado del hambre insatisfecha de caricias de Javier (y de Julia), causada por la incapacidad de obtenerlas de forma sencilla y directa. En mi libro *La educación emocional: inteligencia con el corazón* trazo a grandes rasgos un método con el cual la gente puede aprender a obtener caricias teniendo en cuenta las restricciones de la economía de caricias. Una persona que esté bien surtida de caricias y que no esté bajo la presión del hambre de caricias es menos propensa a sucumbir a los juegos de poder basados en los miedos a la escasez de caricias.

ESTAR BIEN; UNA EXPERIENCIA ESCASA

Estar bien, no estar equivocado, tener la razón de nuestra parte, no haber cometido un error, es otra necesidad muy fuerte para las personas. Realmente es una forma de avaricia de caricias, el temor a no tener suficientes. A menudo no les importa ni la persona que está a su lado. Lo único que parece importar es la validación; que prevalezca lo de uno mismo, tener la razón, que sea demostrada la validez. La necesidad de aprobación o de ser validado es, de hecho, una variación de la necesidad de caricias. Cuando cometemos un error o cuando estamos equivocados en una discusión nuestro Padre Crítico nos bloqueará con caricias negativas si admitimos estar equivocados; por consiguiente nos aferramos a nuestras opiniones, estemos acertados o equivocados. Frecuentemente, las personas incluso continúan argumentando algo que poco a poco se van dando cuenta de que es incorrecto. Aún entonces no pueden parar, ya que tomaron una postura y admitir su error sería una amenaza de pérdida de caricias positivas y un ataque del Padre Crítico. Este temor está tan presente que ha llegado a ser una forma de vida para algunos: «Una vez adoptada una postura, debe ser siempre defendida tanto si es correcta como si no lo es», ya que cambiar de opinión es un signo de debilidad e indecisión, un mal ejemplo para otros que necesitan aprender a ser consecuentes. Esto es cierto en la política, en los negocios, en asuntos familiares, en las relaciones y en la educación de los niños.

SALVAR LA CARA

Cuando el poderoso admite que se ha equivocado, hacerlo merma su autoridad sobre los menos poderosos a los que desea dominar. Salvar la cara es un aspecto de la necesidad de estar en lo cierto. El último año de la guerra de Vietnam todo el esfuerzo se hizo para salvar la cara nacional, ya que la opinión mayoritaria era que se trataba de una guerra insignificante que podía no ser ganada. El orgullo de nuestros políticos elegidos fue la causa de decenas de miles de muertes y una miseria sin fin, tanto para los Estados Unidos como para Vietnam, y algunos de esos mismos políticos aún continúan defendiendo la validez de ese horrible error. Esto a pesar del hecho de que Robert McNamara, el arquitecto de la política en Vietnam, ha admitido recientemente que estaba equivocado y que «todo fue para nada». Un proceso similar ha ocurrido recientemente, cuando la administración Bush se encontró atrapada en una situación imposible en Irak, ya que no podía admitir que estaban equivocados cuando aseguraban que Saddam Hussein poseía armas de destrucción masiva. En vez de asumir su error, la administración Bush siguió hundiéndose en un problema que de hecho minó su autoridad al menos tanto como lo hubiera hecho el admitir su error.

Las personas usarán los juegos de poder para adquirir estos artificialmente escasos «artículos sentimentales» (estar bien, amor, reconocimiento) en la misma forma que juegan al poder para conseguir los bienes realmente escasos como la comida, el refugio, y el dinero. Estos «artículos sentimentales» son sólo insuficientes por la actuación del Padre Crítico, y pueden ser liberados creando comunidades de personas cooperativas en las que el Padre Crítico no ande suelto. En estas comunidades cooperativas los juegos de poder y las transacciones críticas del Padre Crítico no son permitidas, las caricias son abundantes y las personas están más interesadas en ser sinceras y en estar bien.

8. CÓMO RESPONDER A LOS JUEGOS DE PODER: ¿ESCALADA, ANTÍTESIS O COOPERACIÓN?

No es suficiente con conocer los diferentes juegos de poder que se usan. También es importante saber cómo responder cuando nos los juegan para poder cuidarnos de ellos.

Escalada. Uno puede reaccionar a un juego de poder con otro mayor. Pero responder un juego de poder con otro es una estrategia fallida de escalada en la que cada juego de poder será seguido en respuesta por otro aún mayor. Eso puede continuar sin parar y sólo terminará cuando uno de los jugadores se someta o sea asesinado.

Sumisión. Otra posible respuesta a los juegos de poder consiste simplemente en someterse y seguir los deseos de otra persona. Ésta es claramente otra estrategia fallida, aunque en ocasiones la sumisión puede evitar enfrentamientos innecesarios. Pero a la larga, nadie sugerirá la sumisión como una respuesta válida a los juegos de poder.

Antítesis. En vez de esto, si no queremos una escalada o un sometimiento, podemos usar una antítesis; un procedimiento táctico que se usa para neutralizar (en vez de escalar) un juego de poder. La antítesis es una forma verbal de arte marcial que, como en el Aikido, enseña sólo la defensa y trabaja movimientos no ofensivos. Para los juegos de poder del tipo «Todo o Nada», la antítesis efectiva se basa en la capacidad y el deseo de prescindir de esos bienes que se vuelven escasos. «Me gustan tus caricias, amor, trabajo, salario, seguridad, pero no las necesito tanto» es la forma más efectiva de parar un «Todo o nada». Si se dice con convicción, tendrá el efecto de colapsar la estrategia del juego de poder y preparar el terreno para una negociación cooperativa sobre lo que se quiera.

Una vez dicho, «No necesito tu coche, tu dinero, tu cariño, etc.», la situación está aclarada para que pueda tener lugar cualquier «toma y dame», donde ninguna de las dos partes intente controlar la decisión de la otra persona.

La antítesis para «Todo o Nada» es más efectiva cuando la escasez (incluida la psicológica) es artificial, como en la escasez de caricias, o en las limitaciones creadas por los monopolios. Esto se debe a que controlando nuestras necesidades para los bienes artificialmente escasos, automáticamente éstos se hacen más accesibles. Esto ha pasado en casos con alimentos (especialmente con alimentos sin valor nutricional, como el azúcar o el café) donde los esfuerzos de un cártel por subir los precios fueron seguidos de una disminución del consumo y la consiguiente caída en los precios. Esto funciona igualmente cuando la ausencia de necesidad de caricias de otra persona tiende a desinflar el juego de poder «Todo o Nada», y hace las caricias más disponibles.

Por desgracia, la antítesis no funciona tan bien cuando hablamos de carencias importantes. Esto es porque la verdadera antítesis no es una fanfarronada, que es sólo un contrajuego, sino un prescindir de algo que una vez quisimos y necesitamos. Es difícil desechar cosas básicas como la comida, un refugio o el trabajo, y cuando se nos juega en estas áreas, puede ser necesario luchar con juegos de poder propios para obtener lo nuestro. La mera existencia de sindicatos y otros grupos políticos de poder resulta efectiva para disuadir los juegos de poder «Todo o Nada» de corporaciones y otras instituciones poderosas. Por su apoyo implícito y real en defensa de las personas, reducen el temor a la escasez que hace que la gente se deje manipular.

Cuando el «Todo o Nada» se convierte en «Todo o Muere» como con algunas dictaduras tipo la de Hitler, Stalin o

Saddam Hussein, donde desmarcarse lo más mínimo significa prisión casi segura y probable muerte, la antítesis se hace muy difícil, ya que requiere no preocuparse por seguir vivo («Me gusta estar vivo, pero no lo necesito»).

Un Ejemplo:

Para ilustrar un poco más la distinción entre un juego de poder de represalias, que sólo prolonga la situación competitiva, y una antítesis, digamos que encuentras un coche que te gusta en una empresa de venta de coches usados. Un vendedor se ha dado cuenta de tu interés. Has preguntado por cuánto se vende y él te ha dado un precio de 13.700 €. Has dicho que el coche te gusta, pero que el precio es demasiado elevado, que te gustaría comprar el coche por menos y que buscarás en otros establecimientos.

El vendedor responde con un juego de poder de «Todo o Nada», Ahora o Nunca:

—Bueno, creo que es una buena idea que vaya a comprobar otras ofertas, pero quiero que sepa que hay una señorita que acaba de ir a su casa a recoger el dinero necesario para comprar este coche («Compre ahora o después será tarde»). Pero siéntase libre de comprobar en otras tiendas. Si vendemos éste, seguramente tendremos otros para usted.

Dependiendo de cuánto quieras el coche y de cuánto piensas que vale podrías someterte y pagar ese precio o podrías escalar en el juego. Digamos que permaneces impermeable a este juego de poder; lo ves claramente. Ahora tienes dos posibilidades. Una es devolverle al vendedor el juego de poder con un «Lo Tomas o Lo Dejas» y decir:

—Bueno, si hay alguien que quiere comprar el coche, me parece que se lo va a quedar. No obstante estoy preparado para ofrecerle 10.000 € y ni un céntimo más.

El vendedor responde:

—Eso no es posible, el coche vale por lo menos 12.500 €.

Te marchas y dices:

—Vale, creo que no me voy a molestar en volver.

Estás dándole la vuelta al vendedor y escalando con su propia medicina, otro juego de poder T/N.

La otra posibilidad es responder con una antítesis ignorando su maniobra, sonriendo y diciéndole:

—Bueno, ya veré lo que hago («Me gusta el coche, pero puedo vivir sin él»). Creo que seguiré buscando en otras tiendas y veré qué más hay por ahí. Puede que vuelva y si ella no lo compró, puede que aún esté interesado. Gracias por su atención.

Para decirlo de forma convincente tienes que haber llegado al punto de haberte olvidado realmente del coche y de tener ganas de buscar otras alternativas.

Puede que él te diga «Vale, 10.000 € están bien» o puede que te deje marchar; no estoy prediciendo cuál de estas opciones hará que consigas un precio más barato. Bien podría pasar que esta vuelta de tuerca al vendedor fuera efectiva, aunque creo que en general es una locura pensar que un amateur como tú podría ganar la mano a un profesional. Más bien, él usará una serie de submaniobras de las que no estarás avisado y que, al final, te hará una jugada de poder que te llevará a pagar un precio mayor del que necesitabas pagar. Sólo estoy usando este ejemplo para contrastar las dos alternativas que tiene la gente cuando sufre juegos de poder: la escalada y contra-movimiento competitivo que, en efecto, continúa la guerra o la antítesis, que es una neutralización más que una escalada o una sumisión al juego de poder.

La cuestión siempre se presenta: ¿Cuándo es legítimo «ir a la guerra» o devolver el juego de poder? Mi preferencia es evitar la guerra mientras tengamos alguna antítesis que funcione. En la mayoría de las situaciones, los juegos de poder se pueden neutralizar: la decisión de «ir a la guerra» es algo serio incluso en una tienda de coches usados, y debería hacerse tras una solemne reflexión. Afortunadamente, en la mayoría de las situaciones y para la mayoría de nosotros, la elección no es necesaria. Conocer los juegos de poder y sus antítesis puede significar un largo camino para conseguir lo que necesitamos. Prefiero estudiar el poder y sus abusos y desarrollar métodos no violentos para manejarlo, mientras espero que nadie intente la escalada para controlarme a mí o a aquellos a quien quiero hasta el punto de hacer necesaria la guerra. Sobre todo, me gusta acercarme a cada situación de forma pacífica y cooperativa, en vez de una manera competitiva y guerrillera; al final me he dado cuenta de que así consigo mejor lo que quiero, y que les sucede igual a los demás. El excelente libro de Marshall Rosenberg *Non violent communication; a language of compassion* explora en detalle el acercamiento al conflicto para gente que quiera seguirle la pista punto por punto. De hecho, la declaración de Acción/Sentimiento que, como veremos posteriormente, es un aspecto esencial del acercamiento cooperativo, tiene sus raíces en el trabajo de Rosenberg.

De todas formas, cuando nuestro competidor esté firmemente decidido a quitarnos todo a cualquier precio, la única respuesta posible que funcionará para mantener lo que es nuestro será la guerra.

LA SOLUCIÓN COOPERATIVA

La solución cooperativa para una situación competitiva requiere más compromiso y creatividad que la escalada o la antítesis. Va más allá de la autodefensa, pero persigue encontrar un terreno común de necesidades que ambas partes puedan satisfacer. Ese terreno común se puede encontrar o no. En un juego de «suma cero», por ejemplo, no existe dicho terreno. Una situación de suma cero, por definición, es una situación en la que si yo gano tú debes perder, y viceversa; lo que yo gane (o pierda) sumado a lo que tu pierdas (o ganes) siempre es igual a un gran y redondo cero. Por ejemplo: si me apuesto 5 € contigo y ganas, mi pérdida (-5 €) sumada a tu ganancia (+5 €) da un igual de cero. Situaciones como ésta se dan en la vida real, pero no con la frecuencia que creemos. Por ejemplo, si estamos dos en un avión y sólo hay un paracaídas, es razonable decir que en el caso de tener que saltar, yo pierdo si tú ganas. Pero todavía podría ganar dejándote el paracaídas, convirtiéndome en un héroe, y obteniendo una recompensa póstuma que ayudará a mi familia a sobrevivir. Y tú podrías ganar siguiendo vivo, o perder sintiéndote culpable para el resto de tu vida. Todo depende de lo que se esté sumando, ganando o perdiendo.

Si todo lo que está en juego es el dinero, entonces toda situación será de suma cero, lo que explica por qué en una sociedad materialista tendemos a verlo todo bajo esa luz. Pero el dinero no es todo lo que está en juego entre la gente incluso en las transacciones comerciales donde como en cualquier otra área de las necesidades humanas, tu ganancia necesita no ser mi pérdida.

Por ejemplo, en el caso del vendedor de coches de antes, el dinero es probablemente el fondo de la cuestión. Estás comprando un coche tal cual está; sin garantías. Tu éxito al pagar menos es el fracaso del vendedor por ganar más. Punto. Pero digamos que estás vendiendo el coche a tu vecino. Quieres seguir siendo capaz de cruzarte con él, pedirle una taza de azúcar, e incluso pedirle el coche de vez en cuando. En el futuro, puedes venderle o comprarle algo más, y quieres que el sentimiento de buena vecindad prevalezca entre ambos. Quieres ser justo y disfrutar del buen sentimiento que trae consigo el actuar con principios.

La cantidad exacta que cambia de manos no lo es todo en la transacción. Si se hace un trato justo, ambos ganáis porque ahora él tiene un buen coche, tú obtienes una suma de dinero, y también os tenéis en estima el uno al otro. El aprecio mutuo puede generar regalos futuros, favores, intercambios y trueques, que merecen la pena incluso si sólo se cuenta por el dinero, un gran trato mayor que los pocos euros extras que podrías obtener haciéndole juegos de poder a tu vecino. Por supuesto que lo mismo es cierto en teoría con el vendedor de coches, pero no tan probable.

Una vez dada esta actitud cooperativa, ¿cuál es la respuesta a un juego de poder de «Todo o Nada»?

Digamos que vendes tu coche y pides por él 4.000 €.

Vecino: «Te daré por él 2.400 €. Lo tomas o lo dejas» (Todo o Nada).

Puedes escalar: «No voy a perder mi tiempo con ofertas absurdas. Avísame cuando estés listo para pagar lo que pido. Este coche vale 5.000 € en una tienda de coches». (Escalada con una mentira).

O puedes usar una antítesis: «Bueno, vale. No me interesa. Avísame si cambias de opinión».

LA RESPUESTA COOPERATIVA

La respuesta cooperativa consta de tres partes:

a) Una descripción del comportamiento implicado en el juego de poder; damos una descripción de la maniobra de poder que se está usando.

b) Auto-examen de los sentimientos generados por el juego de poder; admitimos abiertamente las emociones generadas al recibir el juego de poder, normalmente rabia, tristeza, quizá temor, quizá desesperanza. Por ejemplo: «Me estás diciendo que lo tome o lo deje (a) y eso me deja enfadado y algo triste (b)…»

c) Propuesta cooperativa.

Una solución creativa prepara el camino a la cooperación:

—Veamos, creo que quieres este coche y me gustaría que te lo llevaras. No discutamos, negociemos. Si temes que se estropee, estaré de acuerdo en compartir contigo los gastos de una revisión, y luego llegaremos a un punto de acuerdo entre los 4.000 € y los 2.400 €. ¿Qué te parece?

Observa que la última respuesta no acepta el juego de poder y procede a buscar un diálogo cooperativo sin la presión del temor a la escasez.

Otro ejemplo:

El cambio de una respuesta cooperativa desde el modo de Control al modo Cooperativo; no es una maniobra defensiva ni ofensiva. Se ve al jugador de poder como un aliado potencial con quien queremos cooperar. Un ejemplo:

Propietario (maniobra de poder): «Me debe dos meses de alquiler. Si no me paga, le tendré que desalojar».

Respuesta del Inquilino (sometimiento): «Cogeré mi chequera».

O respuesta del Inquilino (escalada): «Atrévase. Si trata de echarme, no le pagaré de todas formas. Me quedaré seis meses más y cuando me vaya le destrozaré la casa».

El estímulo es un movimiento de poder: la escalada como respuesta es un contra-movimiento de poder, que puede intimidar con éxito al propietario hasta la sumisión.

Respuesta del Propietario (aquiescencia): «Bueno, asegúrese de pagar pronto...».

O el Propietario puede escalar otra vez:

Respuesta del Propietario (escalada): «¿Ésas tenemos? Si se atreve, mejor que no ande solo por callejones oscuros...».

La antítesis al movimiento original, más que el contra-movimiento de poder, podría ser algo como:

Propietario (movimiento de poder): «Me debe dos meses de alquiler. Si no paga, le desahuciaré».

Respuesta del Inquilino (antítesis): «No me preocupa ser desahuciado. Tendré el dinero el próximo lunes».

O respuesta del Inquilino (cooperativa): «Esta conversación está haciendo que me sienta enfadado y triste. No hace falta hablar de desahucio. Le quiero pagar el alquiler, pero ahora mismo no tengo el dinero. ¿Puede esperar hasta el lunes? Tendré el dinero para entonces, y si quiere, le pagaré intereses por mi retraso».

Esta respuesta no es ni sumisión ni escalada al movimiento de poder. Saca la transacción de un modo de control o de competición a un modo cooperativo.

El sometimiento y la escalada son respuestas competitivas que refuerzan y perpetúan el modo de Control del poder al transaccionar. La antítesis es una respuesta de autodefensa que permanece en el Modo de Control porque aún se ve al jugador de poder como a un antagonista.

PARIDAD DE PODER

Tanto con la escalada, como con la antítesis, o la respuesta cooperativa, un juego de poder puede que no sea parado sin la aplicación de un poder igual que se le oponga. La escalada requiere un incremento de energía real. Voz más alta, o sarcasmos más fuertes; maniobras más elaboradas. La antítesis es como un muro: tiene que permanecer en pie ante el impacto de un juego de poder, aunque no se requiere que lo repela. La fuerza de la antítesis está precisamente ajustada para parar el juego de poder. Si la antítesis no es lo suficientemente fuerte, el muro se derrumbará y la antítesis no funcionará. Si es demasiado fuerte, se convertirá en una escalada. El poder de la solución cooperativa también se debe ajustar a la potencia del juego de poder. Es una aplicación de un poder de otra clase: El Otro Lado del Poder. Contra el poder de la intimidación usa la desobediencia, la confrontación amable, la educación emocional, firmeza, comunicación, trascendencia, sabiduría y cooperación, todas poderosas facultades que usadas conjuntamente pueden desarmar el juego de poder más intenso.

Sin la paridad en el poder, tratar de parar un juego de poder es como intentar parar un camión en marcha, por lo que es importante conocer nuestros propios recursos cuando nos enfrentamos con juegos de poder. Algunas veces cualquier persona es incapaz de manejar algunos juegos de poder determinados; en estos casos, el poder de la unión con otros puede ser la única solución.

9. UNA MIRADA DETALLADA

Antes de investigar la siguiente familia de juegos de poder de Control, la Intimidación, podría ser práctico definir los juegos de poder de manera más rigorosa.

Definición. Un juego de poder es una transacción o serie de transacciones conscientes con las que una persona intenta:

Hacer que otra persona haga algo que él o ella no quiere hacer, o

Evitar que otra persona haga algo que él o ella quiere hacer.

1. *Todos los juegos de poder consisten en una transacción o serie de transacciones.* Una transacción se define como la unidad de intercambio social. Uso la palabra «transacción», que proviene del Análisis Transaccional de Eric Berne, ya que los juegos de poder son sucesos sociales y, creo yo, actualmente ninguna teoría psicológica-social se ajusta mejor para el simple análisis de las interacciones, paso a paso, entre las personas, que el Análisis Transaccional.

Todo juego de poder puede ser analizado en los términos de estos acontecimientos específicos, discretos e interpersonales, llamados transacciones. Cada transacción consiste en un estímulo y una respuesta. Al estímulo inicial del juego de poder se le llama «movimiento de control» y es la jugada de apertura en el intento de una persona para ejercitar el control sobre otra.

2. *Un juego de poder es un intento de una persona por controlar a otra.* Consideremos el siguiente ejemplo:

Javier: «Vámonos al cine».

Julia: «Prefiero ir a bailar».

Javier: «Bueno, yo quiero ir al cine. A lo mejor me podría ir solo».

La última transacción de Javier podría ser una acción de control, la jugada de apertura de un juego de poder. Asumamos que Javier sabe que a Julia le da miedo quedarse sola en casa, y que él espera que su temor la persuada de ir al cine con él. Está intentando controlar su comportamiento, un movimiento de poder claro.

Supongamos que Julia responde de la siguiente manera:

Julia: «Vale. Pues me iré a bailar con Ana y me quedaré con ella hasta tarde».

Esto suena a una escalada de Julia al juego de poder de Javier, pero puede que no lo sea. Asumamos que el intento de Julia es sólo para protegerse del control de Javier, no para controlarlo a él. Si es así, su comportamiento no es un juego de poder, sino una antítesis.

Cuando ella dice que se va a quedar hasta tarde con Ana puede estar yendo más allá de la autodefensa, tratando de asustar a Javier sobre su juego de poder, ya que ella sabe que él odia dormir sólo. Esto podría ser una escalada activa más que una antítesis.

Digamos, como alternativa, que Julia reacciona rompiendo a llorar y luego dice: «Vale, me voy a la cama. Que te lo pases bien». ¿Juego de Poder o antítesis? Parece más bien un movimiento de poder con el que Julia está tratando de despertar la culpabilidad en Javier con su tristeza y sus lágrimas. Por otro lado, ella puede estar cuidando de sí misma dejando a un lado sus sentimientos, y yéndose a la cama para tener una buena noche de descanso.

3. *Un juego de poder es una transacción consciente.* Las maniobras que usamos para coaccionar a otros para que hagan lo

que de otra manera no harían, son conscientes por nuestra parte. Algunas veces estamos tan habituados a obtener lo que queremos a través del uso de juegos de poder que dejamos de prestar atención a nuestro comportamiento. Las personas en posiciones de poder consiguen hacer lo que quieren tan a menudo que los juegos de poder se han convertido en algo habitual en ellos. El hecho de que el juego de poder sea habitual no significa que la persona no sea consciente o capaz de ser consciente de sus intenciones por controlar con sus transacciones. Enfatizo el intento consciente de una persona en la definición de juego de poder porque en muchos ejemplos no es posible decir si un estímulo transaccional es una acción de poder sólo a primera vista. Un estímulo transaccional es un movimiento de control solamente si se intenta coaccionar a otra persona.

Volviendo a las transacciones originales:

Javier: «Vámonos al cine».

Julia: «Prefiero ir a bailar».

Javier: «Bueno, yo quiero ir al cine. Quizá podría ir solo».

A menos que sepamos las intenciones de la última declaración de Javier, realmente no sabremos si se trata del comienzo de un juego de poder, aunque así es como suena. Javier puede estar tratando de coaccionar a Julia o hacerle un juego de poder para que vaya al cine con él, con una maniobra del tipo «Todo o Nada» («O te vienes al cine o tú verás lo que haces»). Por otra parte, quizá esté deseando dejarle tener la opción de venir o no, mientras él simplemente sigue sus preferencias. Esto podría no ser un juego de poder incluso si Julia así lo siente y responde como si ella hubiera sido coaccionada. *Ésta es una distinción muy importante.*

Probablemente Julia se dará cuenta de las intenciones de Javier si acepta su sugerencia.

Julia: «Vale, adelante. Creo que me iré a bailar con Ana».

Si Javier acepta sin más y sin resentimiento esta alternativa, entonces probablemente su transacción inicial («Quizá podría ir solo») no fue un movimiento de control. Si fuera un movimiento de control, falló en su propósito e indudablemente estará resentido con su respuesta, que fue una habilidosa antítesis a su intento por controlarla.

Otra vez, lo obvio y lo que está al descubierto no sirve de mucha ayuda para aprender cuáles eran las intenciones de Javier. Javier puede que no muestre ningún signo de desagrado y puede que se vaya sólo al cine. Pueden pasar días o meses antes de que el resentimiento por la antítesis de ella aflore. De hecho, puede que nunca salga a la luz. Pero, excepto en el caso de un comportamiento realmente fuerte, nunca podemos saber con certeza si un movimiento concreto fue parte de un juego de poder. La única forma con la que podemos estar seguros de las intenciones de Javier es si él está dispuesto a ser honesto sobre lo que nos dice, y nosotros lo creemos.

El hecho es que, en situaciones como ésta, no podemos afirmar si la intención real de la acción de una persona es la de controlar a otra. Por ejemplo, Javier puede estar convencido de que el propósito de Julia de irse a bailar con Ana es un juego de poder, por lo que puede responder como sigue:

—Eso es un juego de poder. No intentes eso conmigo.

Pero Javier en realidad no sabe si la respuesta de ella fue una escalada a su juego de poder, o si fue sólo una solución creativa y cooperativa a una situación difícil. A menos que los dos se quieran sentar y analizar cuidadosamente cada declaración desde el principio de la conversación no hay valoración posible a su acusación. En cambio él puede decir:

—Esto hace que me enfade. ¿Podemos hablar sobre lo que está pasando aquí? Me temo que nos estamos metiendo en pelea.

Esta declaración podría ser un buen comienzo para una discusión honesta y cooperativa de lo que está ocurriendo, pero a menos que siga con una conversación de ese tipo, la única opción de Javier es ajustarse a lo que él quiere sin intentar controlar lo que Julia haga.

Cuando los juegos de poder son sucesos comunes en el día a día de las transacciones de las personas, la vida puede llegar a ser verdaderamente muy confusa. La interacción genuinamente abierta está constantemente nublada por el disimulo, la decepción sutil y la manipulación.

Cuando intentamos entender el comportamiento de otros hacia nosotros, podemos cometer dos tipos de errores. El primero de ellos, «Inocencia», es pensar que no nos están jugando juegos de poder cuando de hecho así está ocurriendo. El segundo tipo de error, «Paranoia», es pensar que nos están haciendo un juego de poder cuando no es el caso. La mayoría de la gente tiende a ser inconsciente sobre las formas en que les hacen juegos de poder, aunque no les estaría de más el poder estar sobre aviso. Más adelante en este libro expondré cómo se trata la paranoia de forma constructiva en las relaciones cooperativas.

Repito: un juego de poder es un acto consciente y es necesario distinguirlo de un acto que no pretende controlar y que no es realmente un juego de poder.

Esta discusión te puede dejar perplejo. ¿Cómo sabrás alguna vez si alguien te está haciendo un juego de poder? La respuesta es que sólo lo sabrás con absoluta certeza si la otra persona lo admite. Y lo que es aún más importante, eso realmente no es lo que interesa. Lo que es realmente importante es no hacer lo que no quieres hacer, tanto si te han hecho un juego de poder como si no. Si sospechas que te están haciendo un juego de poder, da a la otra persona el beneficio de la duda y sigue tu propia deliberación. La intención de él o ella finalmente llegará a hacerse obvia.

Sin la prueba del tiempo, la única forma de saberlo es preguntárselo a la persona que creemos que nos está haciendo un juego de poder y ser capaces de creernos su respuesta. Por eso es tan importante establecer relaciones cooperativas en nuestras relaciones. Sólo entonces podemos confiar en que la gente estará interesada en vivir una vida libre de juegos de poder y depositar nuestra confianza en sus sentimientos y motivaciones internas.

10. INTIMIDACIÓN

Los juegos de poder dependen para su éxito de los miedos de la gente. Los juegos de poder de escasez manipulan el temor a la escasez. Los juegos de poder de intimidación manipulan el temor a la violencia.

La intimidación ilustra la extensión que los juegos de poder pueden abarcar, desde sutiles a burdos y desde psicológicos a físicos. En el cuadrante físico y burdo florecen sobre el temor a la violencia bruta. En el lado sutil, explotan el temor a la violencia emocional; ser denigrado, insultado, criticado.

En la mayoría de los juegos burdos y físicos la intimidación final puede tomar la forma del «Puño en la Cara», cosa que ocurre frecuentemente entre los pobres y la clase trabajadora, de hombres a mujeres y entre los hombres. Existe una amenaza común en la vida de las mujeres en la forma de violación. Es una amenaza potencial constante en la relación de todas las mujeres con los hombres en la forma de violencia doméstica, y en la vida de los niños bajo la forma del castigo corporal. Ciertamente, es parte de nuestro pasado; la intimidación por la fuerza, la tortura, la violación, el rapto, golpear, el encarcelamiento indiscriminado y el asesinato masivo, todo ello parte de nuestra historia ancestral. Algunos podrán decir que en nuestra vida actual el barnizado de civilización es muy fino y nos encontramos a nosotros mismos intimidando a otros cuando conseguimos lo que queremos hablando alto y rápido, propulsados por el enfado y si lo queremos aún peor, pinchando con insultos sutiles o usando amenazas veladas.

INTIMIDACIÓN CONVERSACIONAL

Estamos orgullosos de ser seres humanos civilizados, y bajo circunstancias normales, no intentaríamos conseguir nuestros propósitos mediante la amenaza de violencia sobre otra persona. De hecho, la mayoría de nosotros ejercita el control sobre otros a través de otros medios mucho más sutiles. La siguiente sección estará dedicada a las formas sutiles con las que controlamos a otros, y otros nos controlan, en nuestras conversaciones. Nombraré los juegos de poder y proveeré antítesis y alternativas cooperativas cuando haya descubierto alguna.

METÁFORAS

El uso de metáforas como juegos de poder es de especial interés ya que es la forma verbal más sutil de intimidación. Una metáfora es el uso de una palabra en lugar de otra con el propósito de sugerir una correspondencia entre ambas. Por ejemplo, si quiero retratar con precisión el sentimiento de un maravilloso día de primavera podría decir algo como «El sol se sentía como una cálida y amable mano que me elevó del suelo, con mis ojos cerrados, suspendido por la brisa».

El sol no es una mano y no me levantó por encima del suelo, pero estas palabras dan a entender de alguna manera un sentimiento que tuve, y lo hace lo suficientemente bien para que alguien que lo lea pueda llegar a sentir algo similar y entender mi sentimiento. Las metáforas se pueden usar para ilustrar y aclarar, con unas pocas palabras, un sentimiento complicado o para describir una imagen compleja. Cuando no se usan con el propósito de controlar, las metáforas son poesía. Pero las metáforas pueden también ser usadas en comportamientos poderosos para intimidar.

Por ejemplo, Cecilia es una adolescente quinceañera que está loca por Julio. Al padre de Cecilia no le gusta Julio. Él dice: «Julio es un chico bastante agradable, pero no tiene agallas». Esta metáfora trata de denigrar a Julio a los ojos de Cecilia, y desinflar su interés por él. Si Cecilia aún está escuchando a su padre, éste al final conseguirá recortar su aprecio por Julio incluso si protesta por ello abiertamente. Alejandro y María se han casado. Isabel, una vieja amiga de Alejandro, de quien María está muy celosa, viene a la ciudad y quiere quedar con Alejandro para tomar un café. María está muy enfadada y dice: «¿Cómo puedes siquiera considerar la posibilidad de ver a Isabel? ¿Intentas partirme el corazón? Si me amases realmente, nunca considerarías darme una puñalada por la espalda como ésta». Estas metáforas (romper el corazón, puñalada por la espalda) intentan intimidar a Alejandro haciéndole sentir culpable, por lo que él cambiará sus planes de ver a Isabel.

El uso de la metáfora necesita ser cuidadosamente examinada por aquellos que desean excluir el comportamiento de control de sus vidas. Las metáforas son unos finos artilugios lingüísticos cuando se usan para afirmar o describir nuestros sentimientos positivos o negativos. Pero se deberían usar con cuidado para la descripción de las personas y sus actos, especialmente si estamos enfadados con ellos, ya que es entonces cuando somos capaces de usar las metáforas para intimidar más que para meramente describir nuestra experiencia. Dado que son tan sutiles, las metáforas trabajan por debajo del nivel de consciencia, por lo que la gente resulta afectada sin saber realmente el porqué. Una vez que le han dicho que eso es una puñalada y que es un rompecorazones, Alejandro se siente culpable, enfadado y confuso y bien puede decidir no ir a ver a su amiga. O puede desquitarse con algunas metáforas propias llamando a María «castrante» o «rompepelotas». Uno de los peligros del uso de las metáforas como juego de poder es que probablemente van a provocar alboroto y escalada.

Las metáforas negativas funcionan porque son un asalto a la autoestima. Si la confianza personal sobre la validez de sus acciones y su valía es débil, será inundada por emociones de culpabilidad y dudas, que lo intimidarán para seguir adelante.

Antítesis. La antítesis a la metáfora es bastante simple; toma la metáfora literalmente y confróntala.

—Papá, Julio no me parece una anguila. Estoy segura de que tiene tantas agallas como tú puedas tener.

O,

—Mira María, no veo ningún cuchillo en tu espalda. Tampoco creo que tu corazón se haya roto. ¿Qué me estás intentando decir?

Tomar la metáfora literalmente y señalar su inexactitud es una manera elegante y eficiente de tratarla. Así es posible ignorar la manipulación sutil encubierta, desviando de ese modo la maniobra de poder que escondía. El truco está en detectar y ser capaz de separar la metáfora, ya que normalmente es muy sutil y no visible de inmediato.

Por ejemplo, sólo sustituyendo una palabra por otra, puede colar una cierta cantidad de intimidación.

—Alejandro, hay que limpiar tu habitación. Por favor recoge toda tu basura antes de que venga la Tía Teresa este fin de semana.

Esta declaración que suena tan razonable incluye una sola metáfora. La palabra «basura» se ha usado para sustituir «cosas» o «juguetes y ropa». Puede sonar lo bastante inocente, pero denigra las cosas de Alejandro, su habitación, y al mismo Alejandro. La intención es conseguir que recoja su cuarto mediante el uso de una palabra soltada con enfado y sentenciando.

Si Alejandro elige escalar puede decir:

—Te pone de los nervios hablar de la basura teniendo en cuenta que tienes la cabeza llena de ella.

Por otro lado, la antítesis apropiada de Alejandro podría ser:

—Eso es un poco fuerte, ¿no te parece? Por favor no exageres. No veo ninguna basura. Todo lo que veo es ropa sucia y mis cosas.

O una respuesta cooperativa:

—Escucha mamá, me estás encabronando. Estoy de acuerdo en que necesito limpiar. Tengo dos días para ello y te prometo que lo haré. ¿Vale?

METÁFORAS POLÍTICAS Y PROPAGANDA

Los eslóganes políticos a menudo hacen uso de metáforas para llegar a una posición con delicadeza y sin tener realmente que tomar responsabilidad del mensaje. «Derecho a la vida» (para los embriones; si no estás de acuerdo eres un asesino), o «Apoya a nuestro ejército» (si estás contra la guerra eres un traidor). Más devastadora y efectiva puede ser una metáfora cuando se hace de manera no verbal en la forma de gráficos, carteles y dibujos. Los maestros de este arte malvado fueron los nazis. Mediante propaganda con altas dosis de metáforas fueron capaces de convencer a millones de europeos de que mirasen para otro lado mientras ellos masacraban a los judíos. Esto lo consumaron especialmente bien con carteles en los que retrataban rabinos asesinando a niños arios, o a hombres de negocios judíos con grandes narices sentados encima de montañas de dinero. Una de las cosas de las que nosotros los americanos podemos estar orgullosos es que durante el mismo período de tiempo en que nos esforzamos por unir a la gente contra el Eje, no usamos de forma extensiva esa clase perversa de metáforas visuales y verbales que usaba el enemigo. Y seguimos sin usarlo durante las posteriores guerras de Corea, Vietnam y la guerra del Golfo.

Esta clase de declaraciones gráficas y metafóricas son muy difíciles de tratar. Las modernas campañas políticas están repletas de juegos de poder como estos y no parece que haya una antítesis cierta que deshaga el daño de algunas de las metáforas usadas para desacreditar a individuos o a grupos. Un método que parece funcionar es el que usa la Anti-Defamation League (ADL) de los Estados Unidos, una organización judía. La ADL trata a cada ataque metafórico y a la gente que lo propaga sobre una base agresiva e individualizada, respondiendo a todos los ataques detectados con un juego de poder de intimidación. Cómo funciona de bien este método no está claro. No obstante parece ser la mejor solución disponible, ciertamente mejor que dejar el ataque tal cual y someterse a él. No parece que una respuesta cooperativa resulte práctica o esté siquiera disponible en estos casos.

TAPAPENSAMIENTOS

La intimidación se presenta a menudo en el curso de las conversaciones bajo la forma de interrupciones, hablar rápido, levantar la voz, inflexiones amenazantes, gesticular, gritar, y usar palabras fuertes e insultos. Todos estos juegos de poder, juntos o por separado, se pueden usar con el propósito de controlar la conversación y sus derroteros, y funcionan rompiendo el hilo del pensamiento de la víctima. Los tapapensamientos son especialmente efectivos porque desarman el Adulto de la víctima, dejándolo incapacitado para responder y pensar adecuadamente.

Antítesis. Las personas acostumbradas a tener el control usarán estos trucos de manera habitual, y para ellos llegará a ser una segunda piel. Esto hace difícil pararlos, incluso si previamente se han mostrado de acuerdo en hacerlo. A menudo estos comportamientos están tan automatizados que el jugador de poder cuestionará sinceramente la extensión y frecuencia con la que hace uso de ellos.

En cualquier caso, la antítesis es cortar el juego de poder de raíz. Esto presenta dos dificultades. La primera, atrapar el juego de poder en el momento en que se usa. La segunda, retornar a la conversación sin perder el hilo. Ambas son complicadas, ya que el juego de poder, si es efectivo, cortocircuitará la capacidad de pensar de la víctima.

—Me ha interrumpido. Por favor, déjeme terminar. ¿Por dónde iba? Ah, sí...

O,

—Comienza a hablar demasiado rápido como para que le siga. ¿Le importaría ir más despacio? Continúe por favor. Le escucho...

O,

—Por favor, no levante la voz. Le oigo perfectamente.

O,

—Su forma de hablar me pone muy tenso. ¿Está enfadado? Por favor, cálmese. No necesita enfatizar tanto lo que dice. Le estoy siguiendo.

O,

—Su gesticulación me distrae. Por favor, intente decir lo que quiera decir sin usar los brazos (o las manos, o sin revolotear a mi alrededor, o sin agarrarme el hombro).

O,

—No grite. No voy a querer hablar con usted si me va a chillar.

O,

—No voy a dejar que me diga ese tipo de cosas. No soy idiota y no continuaré esta conversación si no para de insultarme.

O,

—No puede golpear la mesa (dar puñetazos a la pared, patear al perro, dar portazos) y esperar hablar conmigo. Por favor, pare y hábleme sin toda esa violencia (ruido, conmoción).

Respuesta Cooperativa. Teniendo en mente la fórmula de (a) reconocimiento de los sentimientos provocados por el juego de poder; (b) descripción del comportamiento involucrado por el juego de poder; (c) propuesta cooperativa, déjame que te dé un ejemplo abreviado:

(a) «¡Caramba! Ahora mismo estoy realmente enfadado. (b) ¿Se ha dado cuenta de que me ha cortado a la mitad de mi frase? (a) Ha interrumpido completamente el hilo de mis pensamientos y estoy furioso. (b) Esto me lo hace mucho y se lo he permitido. (c) No quiero que me lo haga más. ¿Podemos buscar alguna fórmula para que esto se acabe?»

Por supuesto, este monólogo no funcionaría tal cual. La ventaja está en que se parará el juego de poder, el hablar rápido, la gesticulación, incluso los puñetazos en la mesa, durante el proceso del establecimiento de un modo cooperativo de conversación. Los métodos para una salida satisfactoria se tratarán en el Capítulo 13.

ESTÁS BROMEANDO, ¿VERDAD?

Éste es un juego de poder efectivo y provocador-de-culpas. La maniobra de poder consiste en quedarse absorto y descreído sobre las intenciones de alguien.

—Alejandro, *realmente* no crees eso, ¿no?

—Luisa, *sinceramente,* no estarás pensando en coger el coche esta noche, ¿verdad?

—Oye Felisa, no irás a consultar a tu hermana, a sus tres hijos, y a su pastor alemán si se van a quedar el fin de semana, ¿no?

La intención del juego de poder, por descontado, es conseguir que Alejandro se olvide de lo que piensa, que Luisa deje el coche, o que Felisa no invite a su hermana.

Antítesis. La antítesis del «Estás bromeando, ¿verdad?» es afirmar las intenciones propias y decir simplemente: «Pues sí, es lo que pienso». «Sí, tengo planeado llevarme el coche esta noche», y «Correcto, invité a mi hermana, como dijiste», y de ese modo evitar responder sintiéndonos culpables, o dándonos la vuelta.

Respuesta Cooperativa. «Mi primera reacción a lo que acabas de decirme fue sentirme culpable, pero si lo pienso me enfada que te muestres tan sorprendido. Por la forma que lo dices, parece que crees que, por alguna razón, no tengo credibilidad alguna. De hecho es justo lo que creo (o pienso hacer). Si no te parece bien, me gustaría saber el porqué, y podemos hablar sobre lo que pueda hacer con esto que te disgusta».

JUEGOS DE PODER DE LA LÓGICA

La lógica es una herramienta para la búsqueda de la verdad. Una vez dadas por ciertas las premisas, cualquier conclusión que se alcance tras el uso apropiado de la lógica también será verdad. Ya que la lógica tiene prestigio en la mente de las personas, se puede usar para intimidarlas.

Se puede usar la lógica como juego de poder presentando falsas premisas y siguiendo las reglas de la lógica, o presentando premisas ciertas y usando falacias lógicas, o usando premisas falsas y una lógica falsa.

SI NO LO PUEDES PROBAR, NO

Un juego de poder lógico efectivo consiste en desacreditar las fuentes o las premisas de alguien.

El Sr. y la Sra. Sánchez planean irse de vacaciones. El Sr. Sánchez quiere irse a la playa, y la Sra. Sánchez quiere ir a la montaña.

Nos aproximamos a ellos mientras debaten adónde ir.

Sr. Sánchez: «Irnos a la montaña no tiene ningún sentido ¿por qué te parece buena idea?» (Esto es una invitación a la Sra. Sánchez para que pruebe que irse a la montaña es una opción mejor. Si la Sra. Sánchez pica, intentará probar su punto de vista, el cual por supuesto no puede ser probado en términos lógicos, ya que es simplemente cuestión de preferencias).

Sra. Sánchez: «La montaña es mejor. Es más barato, más saludable, y es más divertido».

Sr. Sánchez: «Eso es completamente ilógico. Lo primero, es que está mucho más lejos, por lo que nos cuesta más llegar hasta allí. Segundo, hay más oportunidades de hacer ejercicio en el mar, por lo que no es más sana la montaña. Tercero, hay mucha más gente y organizan más actividades en la playa, por lo que ni siquiera es más divertida. Por lo tanto la montaña realmente no es lo mejor. Así que nos iremos a la playa, ¿vale?».

129

Sra. Sánchez: «Bueno, visto así...».

Observa la estructurada-aunque-ilógica refutación de los argumentos, seguidos de un «por lo tanto» precediendo una conclusión falsa. Por la argumentación ordenada (Primero, Segundo y Tercero) y con el lenguaje de la lógica, esto suena a un argumento válido que refuta su posición; la argumentación suena vagamente como los argumentos que todos aprendimos en el bachillerato, «A es mayor que B, B es mayor que C, luego A es mayor que C», y el uso de palabras como «por lo tanto» o «así que» dan particularmente la impresión de que hemos hilado una argumentación completamente lógica. El problema es que: Primero, el Sr. Sánchez no cuenta en su argumentación que el precio del hotel en la playa es el doble del de la montaña. Segundo, existen tantas oportunidades de hacer ejercicio en la montaña como en el mar, aunque quizá él no tenga tantas de practicar el levantamiento de jarras de cerveza sobre barra fija. Tercero, obviamente el Sr. Sánchez tiene una idea diferente sobre la diversión a la de la Sra. Sánchez, por lo que su argumento no está sustentado en material lógico alguno. ¿De acuerdo?

El Sr. Sánchez ha apabullado a la Sra. Sánchez con una serie de falacias que suenan lógicas, y que incluyen el uso del método socrático, donde el mentor pacientemente lleva al estudiante a través de una serie lógica de pasos hasta el final, la conclusión correcta.

Una forma efectiva para poner fin a una argumentación socrática falsa es puntualizar el final de una cadena de falacias con la pregunta «¿De acuerdo?», que causa en el confundido aprendiz una respuesta automática afirmativa. Esta última maniobra es similar a la usada en el «Estás bromeando, ¿verdad?», en que se lleva a la persona a pronunciar un «Equivocado» en vez de un «Correcto» en respuesta al juego de poder.

Antítesis. La antítesis a estos juegos de poder consiste en cuestionar la validez de la lógica implicada, y negarse a demostrar la validez de las preferencias, creencias o acciones propias.

Ejemplo: A la anterior declaración del Sr. Sánchez, la Sra. Sánchez podría haber respondido:

—¡Equivocado! Lo que dices no tiene sentido ni lógica, por lo que tu conclusión es incorrecta.

Ella podría a continuación intentar desmontar cada una de las falacias de su argumentación. Pero una forma mejor como tratamiento al juego de poder sería proceder a rehusar la invitación a ser lógicos.

Una preferencia es una preferencia. No se necesita ninguna prueba para las preferencias. La Sra. Sánchez se quiere ir a la montaña. Eso es todo el asunto. Aquí la cuestión no es si ella puede probar que eso es lo correcto o no. La cuestión es simple: ¿Tiene ella derecho a querer algo distinto a lo que quiera el Sr. Sánchez? Si tiene tal derecho, entonces no necesita probar la validez de sus deseos.

Respuesta Cooperativa.

—Tu intento del uso de la lógica en esta situación me confunde. No estoy segura de que tu lógica sea mejor que la mía. Aquí lo que tenemos es un desacuerdo, y si podemos acordar que ambos tenemos derecho a nuestras preferencias, quizá entonces podamos usar nuestros Adultos para encontrar una solución cooperativa y creativa a nuestro desacuerdo.

—He estado pensando que irnos a los lagos puede ser una buena idea. Allí habrá gente con la que puedas salir, y yo puedo tener un poco de soledad, además no será tan caro como irnos a la playa. ¿Qué te parece?

DESACREDITAR LAS FUENTES

La invalidación del punto de vista de alguien mediante el descrédito de las premisas en las que está basado dicho punto de vista es otro juego de poder lógico. Digamos que el Sr. Sánchez se está preocupando con la cantidad de azúcar que toman sus hijos. Ha leído que el azúcar refinado es dañino para la salud de los niños. La Sra. Sánchez afirma que el único problema con el azúcar es que provoca caries, por lo que es suficiente conque se limpien los dientes tras cada comida. El Sr. Sánchez insiste.

—Bueno, he leído que el azúcar refinado es realmente malo. Se supone que es adictivo, y que causa un montón de problemas al metabolismo. Además es completamente inútil como alimento. Me gustaría quitarlo de nuestra dieta.

—Estás leyendo demasiado de esa basura ecologista. Son sólo una panda de buscadores de problemas medioambientales que están insatisfechos con la vida moderna —dice la Sra. Sánchez.

Desacreditando las fuentes de las premisas del Sr. Sánchez, la Sra. Sánchez invalida su argumentación y puede ignorar sus deseos de que se les dé a sus hijos menos azúcar.

Antítesis. Todas las fuentes pueden ser desacreditadas. Argumentalmente, los científicos hacen trampas en sus investigaciones, las empresas y los anunciantes mienten y el gobierno está formado con los mejores políticos que el dinero puede comprar.

Así que, las fuentes en las que uno cree son nuevamente cuestión de preferencias. Por consiguiente, la antítesis a este tipo de juego de poder, otra vez, es señalar que tenemos derecho a nuestras creencias sin importarnos lo que alguien pueda pensar.

—Bueno, tienes derecho a tener tu opinión, pero creo que tomar demasiado azúcar es una amenaza para la salud, y estoy de acuerdo con cualquiera que quiera hacer algo respecto a la gran cantidad de azúcar que toma la gente.

REDEFINICIÓN

Otra manera en que se puede usar la lógica para sobrepasar a los demás es la redefinición. Por ejemplo, Alejandro quiere salir hasta pasada la media noche.

Alejandro: «Por favor papá. He trabajado mucho todo el fin de semana, y quiero salir y divertirme con mis amigos. Se van a ir al cine, y cuando salgamos queremos comer algo. No quiero tener que volverme hasta que hayamos terminado».

Sr. Sánchez: «Quiero que vuelvas a casa antes de media noche. Mañana tienes que ir a la escuela».

Alejandro: «Papá, ¡por favor! Esto es importante para mí... ¿vas a dejar que me quede con ellos?»

Sr. Sánchez: «El problema contigo es que eres un desobediente problemático. ¡Sólo porque has estado un rato trabajando crees que puedes tener todo lo que quieras! No voy a dejar que mi hijo mande en esta casa. Aún soy tu padre, ¡no lo olvides!»

Alejandro, profundamente dolido y enfadado: «Eso no es cierto. Intento hacer todo lo que me pides. El problema es que nunca estás satisfecho. Vale, eres el jefe. ¡Eres un dictador!»

Observad cómo el padre ha cambiado la discusión desde una en la que Alejandro pregunta algo a una discusión sobre obediencia, insubordinación, y sobre quién es el jefe, mediante una redefinición de la situación, y añadiendo algunos gritos, gesticulaciones, charla rápida y algunos insultos bien mezclados. Ahora, todo lo que Alejandro puede hacer es defenderse de las acusaciones de su padre. Mientras tanto, sus deseos han quedado completamente apartados, y ha sido provocado para una escalada (insultos), que es el propósito del juego de poder de su padre, y así ahora puede legítimamente rechazar cualquier cosa que quiera Alejandro.

La redefinición es un juego de poder en el cual se rehúsa aceptar las premisas de otra persona. Qué premisas están siendo usadas en una discusión es un asunto muy importante, ya que quien define las premisas de una discusión probablemente pueda controlar su resultado. Médicos, padres, profesores, psicoterapeutas, políticos y jueces usualmente asumen la validez de sus premisas y asumen también que todo el mundo las aceptará. Cuando alguien rehúsa continuarlas, entonces se le llama «rebelde», «insubordinado», «ilógico», «histérico», o «loco». La redefinición es a menudo una negación válida a continuar con las premisas controladoras de otra persona. En una discusión entre iguales, es importante que las premisas para la discusión sean las mismas, y que ninguno de los dos sienta que puede cambiar las premisas sin acuerdo con el otro.

Otro ejemplo: Alejandro y Susana quieren coger el coche familiar esa tarde.

Alejandro: «Necesito el coche para ir a una fiesta de la escuela».

Susana: «Bueno, yo lo necesito para ir a mi reunión de mujeres».

Alejandro: «Tú te lo llevaste la última vez, así que me toca. ¿Por qué te lo tendrías que llevar?»

Susana: «No estamos hablando de quién se lo llevó la última vez. Estamos discutiendo qué es más importante, y todo el mundo sabe que mi reunión es más importante que tus fiestas. Si no, pregúntaselo a mamá».

Susana redefine la premisa de Alejandro «Me toca a mí», a «El coche se usará para la actividad más importante».

Este es un ejemplo muy explícito de redefinición, en el que Susana cambia las premisas de la discusión para acomodar dicha discusión a sus necesidades, esperando conseguir el apoyo de su madre sobre la importancia de su reunión.

Antítesis. La redefinición es un juego de poder muy sutil. Incluso más que la mayoría de los juegos de poder lógicos, e intenta desorganizar el pensamiento de las personas y dejarlas sin habla y sin poder. Una vez está claro que se está usando un juego de poder de redefinición, la antítesis consiste en insistir en las premisas propias.

—Nunca dijimos nada sobre qué era más importante. El acuerdo es que nos alternamos para coger el coche. Tú te lo llevaste la última vez, así que yo me lo llevaré la próxima vez.

Respuesta Cooperativa. Las respuestas cooperativas para la mayoría de los juegos de poder son similares entre sí. A pesar de ello, déjame ofrecerte una para la redefinición. Aunque pueda parecer repetitivo, quiero hacer énfasis en la importancia de esta alternativa.

—Mira Susana, lo que estás haciendo me confunde y me enfada. Estás cambiando las reglas del juego para ajustarlo a tus necesidades. Nuestro acuerdo es alternar quién se lleva el coche. Si quieres cambiar las reglas, lo podemos hablar. Si esta es una reunión superimportante, quizá podríamos negociar el que te lo llevases esta vez. ¿Qué quieres hacer?

FOCOS DE PODER; INTIMIDACIÓN FÍSICA SUTIL

Muchos juegos de poder sutiles no descansan tanto sobre trucos de conversación, sino en la manipulación física. Michael Korda, en su libro *¡El poder!* Nos introduce en toda una variedad de sutiles juegos de poder de intimidación, especialmente en aquellos con los que la gente a través de su comportamiento físico, su vestimenta, y su posicionamiento en las habitaciones y oficinas, consiguen causar en ellos mismos una apariencia mayor y más intimidación de la que tienen.

Si quieres conseguir algo de control sobre otros mediante la intimidación, siéntate con una gran ventana detrás de ti, y así tu víctima te tendrá que mirar entre los reflejos y en realidad no te podrá ver la cara, mientras que su cara será claramente visible para ti. Durante una comida de trabajo, invade la parte de la mesa de tu víctima con tus efectos personales, o llega media hora tarde a la cita. Responde o haz que te llamen a tu móvil en mitad de una conversación importante.

Korda observa que existen ciertos lugares que, cuando son ocupados, darán a las personas un poder de Control adicional sobre lo que acontezca a su alrededor. Estos lugares, que pueden ser llamados «focos de poder», toman provecho de la tendencia de la gente a ser intimidada y acobardada. Es más sencillo intimidar a las personas si estás físicamente situado por encima de ellas, si te sientas tras la protección de un escritorio u otro objeto grande, si estás fuera de la línea directa de visión o no puedes ser visto fácilmente, si tú puedes ver más de lo que ellas puedan ver, o si estás arropado y protegido por gente que te ayudará y vendrá en tu defensa.

El lugar de poder es efectivo como medio de control, especialmente porque es virtualmente imposible probar que una persona se sitúa deliberadamente a sí misma de una manera especialmente diseñada para conseguir el control. A pesar de esto, se observa fácilmente cómo ciertas personas gravitarán y se asegurarán para ellos puestos de Control en casi todas las situaciones en que participen. Las personas que son maestras en el uso de los lugares de poder con propósitos de Control irán un poco más lejos, y sólo tomarán un «lugar de poder» cuando reconozcan que van a necesitar el ejercicio del Control, y dejarán esos focos de poder a otros cuando llevar el control no sea de importancia. En cualquier reunión de personas habrá focos de poder. Los focos de poder son lugares desde los cuales una persona será mejor vista y mejor oída por el mayor número de personas. En una fiesta un foco de poder es el lugar hacia donde todo el mundo gravitará más pronto o más tarde. Sólo necesitas quedarte en ese lugar para encontrarte con todo el mundo.

También ayuda si el acondicionamiento visual y acústico del lugar de poder conspiran para hacerlo más poderoso. Permanecer en una esquina junto a una escultura dramática es más poderoso que sentarse en medio de la sala. En las esquinas confluyen hacia ti las líneas del suelo, del techo y de las paredes. Esto, junto a la escultura, casi va a forzar los ojos de la gente hacia ti. En una reunión sobre una mesa alargada, la cabecera es obviamente el foco de poder. ¿Por qué? Porque desde ahí, a diferencia de cualquier otro punto de la mesa, podrás ver y escuchar simultáneamente a todo el mundo. Por esto las mesas redondas o una disposición circular son métodos más igualitarios de reunirse: no tienen lugares de poder obvios en la disposición de los asientos y son preferidos en situaciones cooperativas.

Un ejercicio interesante para el conocimiento del poder de control consiste en observar el comportamiento de la gente al posicionarse. Una forma para hacerlo es evaluar cada situación y hacer una determinación de dónde está el lugar de poder, y una vez hecho esto fijarse en qué clase de gente es la que lo ocupa. A la inversa, es posible determinar dónde está el lugar de poder viendo el sitio que ocupan las personas controladoras. Se puede verificar la percepción sobre quién tiene el poder y dónde están los focos de poder haciendo ambos ejercicios de manera independiente y cruzando los resultados. En cualquier caso, es importante ser consciente de cuándo y cómo se está usando el posicionamiento como un intento de controlar y manipular.

Antítesis. Las antítesis al posicionamiento son tan variadas como las diferentes clases existentes de maniobras de posicionamiento. No obstante, es importante ser consciente del hecho de que los juegos de poder por posición sólo se pueden neutralizar mediante un cambio efectivo en la posición. Ya he mencionado antes que una característica de los juegos de poder es que sólo se pueden neutralizar mediante la paridad en el poder: con la aplicación de un poder que coincida con el mismo tipo de poder de ese juego.

La antítesis más efectiva a los juegos de poder por posicionamiento consiste en preguntar si las posiciones ocupadas pueden ser cambiadas. Si alguien está sentado tras un escritorio, le puedes preguntar si se podría salir y situarse junto a nosotros. Si alguien maniobra para llevarte a su «terreno» cuando sabes que se va a tomar una decisión importante, puede ser posible pedirle una reunión en un terreno neutral. Esto se puede hacer diciendo que estás incómodo bajo esas circunstancias y que te gustaría cambiarlas. Ser totalmente claro ante maniobras de poder tan sutiles desarma mucho. Se sitúa al jugador de poder en una posición en la que o está de acuerdo con la petición o tiene que fabricar alguna razón para no hacerlo.

—¿Le importaría que nos reuniéramos en el restaurante El Sombrero Negro en vez de en su oficina?

—Podría estar bien, pero esas sillas son muy incómodas para mi espalda. Estoy mejor en el sillón de mi despacho.

—Sí, pero su oficina me intimida. Reunámonos en el Salón de los Arpones. Tienen teléfonos y sillas realmente cómodas.

—Bien, de acuerdo.

Por supuesto que en las situaciones en las que las jerarquías son muy estrictas y dadas por supuestas, esta clase de peticiones serán consideradas como insultos muy atrevidos; pero en muchas instancias estas peticiones funcionarán, sobre todo hoy en día cuando se hacen esfuerzos por la igualdad y la democracia en las empresas. Cuando estas antítesis no se puedan usar, una persona está definitivamente en desventaja. Puede usar medios aún más sutiles como permanecer de pie, o traer la silla tras la mesa, y por lo tanto no situarse en los lugares asignados. En reuniones mayores, es posible pedir el cambio de los sitios con otras personas, e incluso tomar uno mismo el lugar de poder llegando el primero o cambiándose allí cuando alguien lo deje libre momentáneamente.

Los hombres tienen incorporada una posición ventajosa sobre la mayoría de las mujeres, su tamaño, y que las mujeres han de manejar todo el tiempo. Es por lo tanto una buena idea para ellas, por norma, cuando sean conscientes de su poder en relación con el de los hombres, relacionarse en una posición sentada. Por la misma razón, los hombres que quieran relacionarse en términos de igualdad de poder con las mujeres serán conscientes de su altura y se sentarán o la disminuirán voluntariamente de alguna manera. Lo mismo es igualmente cierto entre los adultos y los niños. En todas estas relaciones, la persona de más altura tiene una ventaja posicional.

VIOLENCIA

Los tan explorados juegos de poder de Intimidación derivan su efectividad de excitar la obediencia y la culpa. A medida que el poder se hace más evidente y tosco, incrementa la explotación del temor a la violencia.

La antítesis a las amenazas y a los asaltos es ignorarlos sin temor. (Un asalto es un gesto amenazante).

La respuesta cooperativa a una amenaza o un asalto podría ir así:

—No me amenaces. No te tengo miedo. Haces que me enfade. No voy a aguantar tu violencia, pero estoy deseando hablar sobre qué te está molestando. ¿Qué mosca te ha picado?

Ninguna discusión sobre las respuestas apropiadas a los juegos de poder estaría completa a menos que hiciera un intento de cómo tratar los juegos físicos extremos de poder, como por ejemplo la violación.

Alguien puede decir que no es posible una discusión cooperativa en este caso, y que la única respuesta práctica es la paridad de poder basada en la oposición física. Con todo, y para aconsejar a las mujeres sobre como tratar los ataques sexuales, se pueden aplicar las cuatro posibles respuestas a los juegos de poder: sumisión, escalada, antítesis y respuesta cooperativa.

Idealmente, todas las mujeres deberían tener a su disposición técnicas de autodefensa para neutralizar el intento de cualquier atacante. El arte marcial del Aikido nos surte el ejemplo perfecto de antítesis a un juego de poder físico y burdo como es el intento de violación. La energía del atacante es usada en su contra para neutralizar el ataque. El Aikido no posee movimientos ofensivos, pero otras artes marciales proveen de oportunidades para la escalada y que, en respuesta, el atacante resulte herido.

Pero no es muy realista esperar que todas las mujeres o ni siquiera la mayoría aprendan autodefensa. Algunos consejeros para víctimas de violación han recomendado la sumisión como respuesta a un violador armado o explícitamente vicioso. No obstante, la experiencia de situarse uno mismo totalmente desprotegido y a la merced de la crueldad ajena deja profundas cicatrices en el alma.

Parece que además de los conocimientos de autodefensa, debería ser útil tener conocimientos de las diferentes opciones, e intentar averiguar las motivaciones que esta persona violenta pueda tener.

No estoy seguro de que tenga sentido práctico hablar de respuesta cooperativa a un intento de violación o de cualquier otro acto de violencia lasciva, pero es una opción concebible. George Kohlrieser, un experto en situaciones con rehenes, sugiere que un diálogo respetuoso, en el que se establece un vínculo humano, es casi siempre posible con el perpetrador y que siempre merece la pena intentar. Cómo pudiera ser el proceso transaccional es algo que no está lo suficientemente claro para mí como para presentarlo aquí.

11. MENTIRAS

Las mentiras son la tercera familia de juegos de poder. Se aprovechan de la culpabilidad de la gente y del temor a la confrontación.

La mayoría de la gente es extremadamente susceptible a las mentiras, ya que como parte de la rutina diaria, nos mienten hasta la saciedad desde nuestros primeros días. Una de las formas más efectivas de controlar a las personas es engañarlas; cuando nos sentimos superiores a alguien parece que creemos que no tenemos por qué decirle la verdad. Normalmente, la explicación para no ser sinceros hacia aquellos a los que queremos controlar es que no son lo suficientemente maduros o inteligentes para entender las cosas tal como son, o que los heriría si supieran la verdad. Estas excusas para mentir las usan los políticos en relación con sus votantes; la dirección en relación con los empleados; los ricos con relación a sus sirvientes; y por supuesto, los padres en relación con los hijos.

Por las constantes mentiras a nuestro alrededor, damos por supuesto la existencia de mentiras y medias verdades en nuestras vidas. Sólo en relaciones muy especiales, como cuando nos enamoramos, cuando nuestros hijos ya son mayores, cuando hablamos con nuestro terapeuta o nuestro párroco, o cuando testificamos bajo juramento, es cuando sentimos la necesidad de ser sinceros. Y normalmente hemos mentido tanto que, cuando llega el momento de decir la verdad, somos más o menos incapaces de hacerlo.

La mayoría de nosotros sabemos cuándo estamos diciendo una mentira descarada, ya que en una mentira descarada hay una contradicción directa entre el contenido de nuestra conciencia o lo que estamos pensando, y lo que decimos. Pero esta contradicción en blanco y negro, directa y consciente, se difumina en otras formas de mentir que usamos en nuestra vida diaria. De hecho, el efecto de la mentira en nuestra conciencia necesita ser claramente entendido. Las mentiras (las nuestras y las de los demás) son corrosivas para nuestra mente. Más allá de difuminar nuestra conciencia, minan nuestra capacidad de ser efectivos en este mundo. Nos separan de la realidad, crean paranoias, invalidan nuestras percepciones, rebajan nuestras emociones, cortocircuitan nuestro Adulto, desorganizan nuestro pensamiento, embotan nuestros sentimientos y, finalmente, nos pueden volver locos.

Las mentiras por sí solas son el método más potente para derrotar la capacidad de las personas de entender su mundo y de ser efectivos en él. Las mentiras sobre los bienes nos vuelven consumidores manirrotos. Las mentiras de la política nos hacen ciudadanos aborregados. Las mentiras entre nosotros nos incapacitan para amar y mantener relaciones. Las mentiras en el trabajo nos vuelven improductivos y resentidos. Las mentiras nos hacen creer que si no somos felices y no alcanzamos el éxito es por nuestra culpa.

Para entender la forma en que la gente nos controla, y la manera en que la controlamos nosotros, es importante comprender con detalle las mentiras.

LA MENTIRA DESCARADA Y LA GRAN MENTIRA

La mentira descarada y consciente depende mayormente para su efectividad de la confianza —pero también de la falta de información— con la persona a la que mentimos. Me estás comprando un coche, y te digo que apenas quema un litro de aceite cada cinco mil kilómetros. No obstante, miras bajo el capó y no te das cuenta de que el motor ha sido petroleado recientemente y que hay una nube azul de humo saliendo del escape. La combinación de tu ignorancia y mi mentira, basada en tu confianza, puede hacer que compres este coche.

Pero hay otra forma de mentir descaradamente. Es efectiva al basarse no sólo en tu ignorancia y tu confianza, sino también en un factor adicional: es una mentira tan enorme que no podemos creer que pueda tratarse de una mentira, a pesar de que tampoco creemos que sea verdad. La Gran Mentira es una enorme mentira descarada. Funciona por el hecho de que cuando alguien dice una mentira lo suficientemente grande, podemos llegar a creerle, incluso aunque nuestros sentidos nos están diciendo claramente que lo que esa persona nos está diciendo no es verdad. Yo mismo compré una vez un coche precisamente por esta peculiaridad de la naturaleza humana. Mientras lo conducía por el barrio, con el vendedor sentado junto a mí, noté que cuando metía la segunda marcha hacía un ruido enorme y rechinaba. Supe que esa caja de cambios tenía una segunda marcha defectuosa. Le pregunté al vendedor: «¿Qué le pasa a la caja de cambios?».

Se volvió hacia mí con una sonrisa, me miró a los ojos y dijo, «Todos los Ford de este modelo tienen este ruido en la caja de cambios. Es normal». La mentira fue tan grande que me lo creí, incluso sabiendo perfectamente que no podía ser verdad.

El uso más grande y exitoso de la Gran Mentira fue realizado por Adolf Hitler y los nazis durante el Tercer Reich, quienes durante los años previos a la guerra consiguieron manipular a la opinión mundial con atroces mentiras descaradas. Hitler escribió en *Mein kampf*:

> ...con la primitiva simpleza de sus sentimientos [la gran mayoría de la gente] son víctimas más fácilmente de una gran mentira que de una pequeña, ya que ellos mismos mienten ocasionalmente en pequeñas cuestiones, pero estarían avergonzados de decir grandes mentiras. Estas falsedades no entrarán en sus cabezas, y son incapaces de imaginar a otros afirmando la gran osadía de la representación más infame.

Curiosamente Hitler en esta frase se refería a las supuestas mentiras de los judíos. El hecho es que las mentiras de Hitler fueron la base de su éxito. De no haber mentido, nunca hubiera alcanzado el poder. Dijo mentiras enormes para conseguir sus objetivos políticos. Por ejemplo, el 3 de Abril de 1939, en un documento clasificado *Top Secret* sobre Polonia, definía que la misión de la Wehrmacht era «destruir las Fuerzas Armadas polacas, para lo cual el término de un ataque sorpresa ha de ser preparado y ambicionado». Menos de un mes más tarde, en un discurso difundido a todo el mundo, decía: «Lo peor es que ahora Polonia cree, como Checoslovaquia hace un año, y bajo la presión de una campaña internacional difamatoria, que debe hacer un reclutamiento de tropas aunque Alemania no ha llamado a filas ni a un solo hombre y no tenía pensamientos de proceder en manera alguna contra Polonia». Algunos meses después, el 1 de Septiembre —la fecha prevista por Hitler el 3 de Abril— la Wehrmacht se introdujo en Polonia. Hasta que se llegó a este punto, la gente no empezó a sospechar que Hitler era un mentiroso monstruoso. Los alemanes nunca lo hicieron, aparentemente, mientras estuvo con vida.

La Alemania nazi se usa frecuentemente en este libro como ejemplo del abuso del Poder de Control. Como veremos posteriormente, el período nazi fue un ejemplo del Poder de Control en su máxima expresión.

Una variante de la Gran Mentira es la Súper Honestidad. En este caso, una persona que eventualmente se propone conseguir algo mediante mentiras, prepara la situación siendo extraordinariamente honesta y haciendo de ello una representación al inicio de la relación. Como truco, lo usan a menudo algunos mecánicos, que repararán algo y te cobrarán un euro, o ni siquiera eso; o de alguna manera dan la impresión de que son extremadamente cándidos y honrados, sólo para finalmente timar al cliente en la tercera o cuarta visita. Este tipo de gente usa característicamente las palabras «honrado», «verdad» o «sinceramente», y a menudo guiñarán mientras hablan.

«*Honestamente,* no vi ninguna razón para cobrarle algo por tan poca cosa». O «*Para decirle la verdad, (guiño)* creo que lo mejor que puede hacer es ir y comprar esta pieza ahí abajo, e instalarla usted mismo». «*Se lo diré sinceramente*: le estoy haciendo un cinco por ciento de descuento sobre el total». Mientras que expresiones como ésta no siempre significan que la persona sea deshonesta, mentirosa o insincera, al menos manifiesta una preocupación por la honradez y la verdad, y para mí, son siempre una bandera roja de que las mentiras y la deshonestidad pueden estar en el centro de la situación, especialmente cuando se acompañan con guiños de complicidad. No obstante, es importante recordar que hay gente honrada y buenos vecinos que disfrutarán dando cosas y ofreciendo su ayuda de vez en cuando sin pensar en trasquilarte a la que puedan. Estas personas quedan profundamente conmocionadas por el cinismo que encuentran en grandes ciudades como Nueva York, París o Moscú, donde la buena vecindad y la honestidad están consideradas como sospechosas. Desgraciadamente, la pretensión de honestidad combinada con mentiras está tan extendida que una persona verdaderamente honrada y generosa parece que ha llegado a ser una rareza.

MENTIRAS POR OMISIÓN, MEDIAS VERDADES, SECRETOS.

Cuando una persona en Norteamérica se dispone a testificar, se le toma juramento de que dirá «la verdad, toda la verdad, y nada más que la verdad». Observa que además de evitar las mentiras descaradas, «nada más que la verdad», hay otra cláusula que impone al testigo decir toda la verdad, que significa no decir sólo verdades parciales, y no omitir ninguna verdad. Por supuesto, es mucho más difícil determinar si alguien está diciendo toda la verdad, pero es necesario que se acepte desde el principio que no decir toda la verdad es tan mentira como decir una mentira descarada. De acuerdo con esta definición, una mentira es un acto consciente, por lo que una persona no puede mentir sin darse cuenta. La verdad es simplemente la verdad como bien sabe el que toma el juramento. De esta manera se puede apartar la amplia discusión filosófica sobre qué es la verdad, tan usada por los mentirosos para excusar sus decepciones. «Estás mintiendo cuando no dices o evitas decir lo que crees que es verdad». Una mentira por omisión o media verdad, es una situación en la que conscientemente nos guardamos información que, entendemos, la otra persona quiere obtener.

Los publicistas han elevado el hábito de mentir por omisión a la categoría de ciencia. «*Bayetina* puede reducir a la mitad el tiempo que emplea fregando, y si no devolverle el doble de su dinero». Por supuesto, *Bayetina* puede que reduzca a la mitad el tiempo empleado en limpiar, y también puede que no. No hay nada en la declaración que garantice que realmente reducirá a la mitad su limpieza. Con esta media verdad se explota la credulidad de quien escucha.

Las mentiras por omisión no son juegos de poder tan potentes como las mentiras descaradas, pero pueden resultar bastante efectivas. Supón, nuevamente, que estás comprando un coche que es un auténtico quema-aceite. Le preguntas al vendedor, «¿Consume mucho aceite este coche?». El vendedor puede responder, con una mentira descarada, «No consume absolutamente nada». O con una Gran Mentira, «Es sorprendente para un coche de esta edad, y va a tener problemas para creerlo, pero este coche apenas gasta un cuarto de litro en ocho mil kilómetros». O con medias verdades, «Este coche ha consumido menos de un cuarto de litro en los últimos tres meses» (Ha estado en la tienda en los tres últimos meses). O una evasiva, «Usa aceite del tipo 20-40W». Obviamente estas mentiras van disminuyendo su poder para el efecto deseado, pero todas ellas funcionan sorpresivamente bien, y es asombroso hasta qué grado una persona puede llegar a manipular a otras mediante mentiras por omisión.

Antítesis. Las antítesis a las mentiras son complicadas. A nadie le gusta llamar a otro mentiroso en su cara. No importa lo seguro que estemos, como Hitler apuntaba; somos incapaces de imaginar que alguien sea conscientemente un mentiroso. Llamar a alguien mentiroso es un insulto grave, y nos arriesgamos a que se enfade, a que tome represalias, y a que nos injurie. Es más fácil olvidarse de la historia; es más tranquilizador creértelo, y así continuamos en aras de la armonía y la sencillez.

La antítesis de las mentiras puede ser muy difícil. Ésta es otra razón por la que aceptamos las mentiras; es mucho más fácil creerlas y actuar en confianza que escuchar nuestra intuición y desenmascarar una mentira. La antítesis a la mentira consiste, muy obviamente, en hacer preguntas y verificar las respuestas. Algunas veces sólo una serie de preguntas puede desenmascarar una mentira, porque las respuestas serán contradictorias, o porque el mentiroso perderá los nervios; en los juzgados todo consiste en ese interrogatorio y careo de la parte contraria para tratar de evidenciar las contradicciones. Pero cuando las mentiras son meticulosamente concebidas, la realidad sólo puede ser hallada mediante una verificación independiente sobre la verdad de la declaración.

Hacer preguntas no es fácil, ya que implica desconfiar y dar al mentiroso una excusa para una indignación justa. Aun así, es posible elaborar preguntas de una manera inofensiva.

Por ejemplo:

—Sr. López, espero que no le importe, pero ¿puedo hacerle unas preguntas?

—De acuerdo.

—¿Han petroleado el motor?

—No lo sé.

—Bueno, parece que sí. ¿Lo podemos averiguar?

—Supongo que lo han petroleado. Algunas veces lo hacemos.

—¿Por qué lo hicieron en este caso? Es por curiosidad... ¿Se podría informar?

O,

—¿Qué es ese humo que sale del escape?

O,

—¿Quién fue el anterior propietario? ¿Lo puedo llamar?

O,

—¿Cuánto tiempo lleva este coche aquí? ¿Cómo sabe si quema aceite o no?

Al poner en práctica la antítesis contra las mentiras, es importante no cortarse en hacer cuantas preguntas nos parezcan oportunas. Esto requiere una cierta cantidad de temple y valor. La otra persona se puede enfadar, pero las preguntas deberían llegar hasta el final. Una persona que miente puede usar un buen número de técnicas para evitar la antítesis.

Mofa: «¿Qué pasa, no me cree?» (Con una sonrisa).

Antítesis: «Sólo quiero hacerle unas preguntas. ¿Le importaría responderlas?» (Con una sonrisa).

Distracción: «Sí, el motor y el resto del vehículo han sido limpiados exhaustivamente. ¿No está limpio? Siempre vendemos coches bien limpiados».

Antítesis: «El resto del coche no me preocupa, pero ¿por qué se ha petroleado el motor?».

Humor: «Quizá lo hayan petroleado, así que puede freír huevos en el motor. ¿Cómo le gustan los huevos?».

Antítesis: «Bien pasados, gracias, pero mejor cocinaré en casa. ¿Cuál era la razón?».

Investigación: «Esto me hace recordar. Acabo de leer un artículo en *Motor Magazine* donde decían que petrolear el motor puede dañar el cableado. Quizá no deberíamos hacerlo en el futuro. ¿Qué piensa al respecto?».

Antítesis: «Bueno, si estuviera intentando librarme de un montón de aceite de la culata, podría petrolear el coche de todas maneras. ¿Era esa la razón?».

Enfado: «¿Me está llamando embustero?».

Antítesis: «No, sólo estoy intentando averiguar por qué razón han petroleado el motor».

Es muy improbable que un mentiroso admita su mentira. A diferencia de la mayoría de las antítesis, que normalmente consiguen parar el juego de poder, la antítesis a las mentiras puede seguramente incrementar las mismas. El mentiroso puede tratar de amontonar una mentira sobre otra para evitar decir la verdad. Al final, el que sospeche de una mentira tendrá que decidir por sí mismo qué hay de realidad. Mientras que la antítesis puede que no pare la mentira, al menos impedirá la manipulación. Se podría probar lo siguiente:

Respuesta Cooperativa. «Me temo que no está siendo completamente sincero conmigo. Hay algo de lo que me está diciendo que no tiene sentido. Parece equivocado. ¿Hay alguna razón por la que me podría estar mintiendo? Quizá sería mejor si discutiéramos esto con completa honradez. ¿Le interesaría?»

Cuando yo he usado la respuesta anterior nunca he logrado una conversación más honrada; la gente no admite fácilmente que miente. Y por eso hacer un contrato cooperativo en el que las mentiras estén a priori excluidas es una estrategia tan efectiva. Mientras que a corto plazo la mentira es difícil de parar, un acuerdo de cooperación a largo plazo para no mentir tendrá el efecto de alejar las mentiras y de favorecer posteriormente una comunicación más honrada.

BOLA ALTA / BOLA BAJA

Hace unos años, un eslogan muy publicitado decía: «Prométele cualquier cosa, pero regálale *Arpege*». Uno de los trucos favoritos de los publicistas es «Bola Alta/Bola Baja» en el que el interés de una persona es estimulado por un precio altamente atractivo (la Bola Baja, que en realidad no está disponible) sólo para vender una Bola Alta más cara. La revolución de los consumidores ha parado los ejemplos más flagrantes de este tipo de anuncios pero aún es un recurso muy usado en una forma más sutil. Grandes almacenes y supermercados anunciarán ofertas y «rebajas inigualables» (descuentos o artículos de baja calidad) con la esperanza de que los clientes también compren artículos de precio normal, o en vez de los rebajados.

Cuando la gente juega a «Bola Alta/Bola Baja», hace de manera más o menos consciente ofertas sólo para topar al final con un producto más mermado. «Casémonos y te prometo obediencia para siempre». O «Hagamos el amor y me casaré contigo». O «Préstame tu coche y te lo ajustaré y te daré un juego de neumáticos». O «Invierta mil euros en mi negocio y seremos socios».

Antítesis. Con «Bola Alta/Bola Baja», hay dos antítesis posibles: antes y después de que sea demasiado tarde. Antes de que sea demasiado tarde, la antítesis es dejar clara la oferta haciendo muchas preguntas, mejor junto a un tercero, y aclarar el acuerdo y precisar exactamente en que consiste el intercambio. Preferentemente, el acuerdo ha de ponerse por escrito en un «Memorándum de Interpretación» en el cual todos y cada uno de los asuntos importantes del acuerdo están especificados.

Algunos considerarán esto un insulto a su integridad:

—¿Qué sucede?, ¿No confía en mí?

Yo siempre digo:

—Claro que confío en usted. De otra manera no buscaría ningún acuerdo con usted. Pero he descubierto que siempre es una buena idea anticiparse a cuantos problemas puedan surgir. Sobre todo porque a veces la memoria nos falla y es mejor tener todo por escrito. ¿Le importa?

Una vez que ya es demasiado tarde, el único recurso es preguntar en qué consistía la oferta de forma asertiva.

—Me dijiste que si te prestaba el coche, me lo ajustarías y le pondrías neumáticos nuevos, pero ni siquiera arranca.

—Bueno, lo revisé antes de salir de viaje, y los neumáticos son nuevos.

—Sí, pero te llevaste el coche durante dos meses por todo el país. Me prometiste dejar el coche bien carburado, y eso significó para mí que me lo devolverías ajustado. De todas formas, ¿dónde compraste estos neumáticos? Son todos diferentes.

—Los compré usados. Tienen mucho relieve todavía.

—Bueno, quiero que me dejes el coche perfectamente revisado, y quiero neumáticos nuevos, como dijiste.

—No puedo hacerlo. Me gasté todo el dinero en el viaje.

—Me doy cuenta de que puede que no tengas dinero, pero quiero una revisión y neumáticos nuevos, tal como prometiste.

—No estás siendo razonable. Cambiaré las bujías, y veremos si arranca.

—Puedo entender por qué sientes que no estoy siendo razonable, y no quiero que trabajes en el coche. Quiero una revisión y neumáticos nuevos.

Y así sucesivamente. Pero, como he mencionado antes, puede ser demasiado tarde. Habría sido mucho mejor lograr un acuerdo completo antes de que el coche se hubiera prestado.

En el ejemplo anterior, el lector puede reconocer técnicas de la Terapia Asertiva Sistemática, un método desarrollado por Manuel J. Smith. Este método es una técnica muy práctica para evitar la manipulación. Fue publicado en el libro *When I say no I feel guilty*, el cual recomiendo como un manual práctico para todo aquel que quiera evitar que le hagan juegos de poder.

Respuesta Cooperativa. Otra vez, hay dos situaciones en los que aplicar una respuesta a «Bola Alta/Bola Baja»: antes o después de que sea demasiado tarde.

Antes, la respuesta cooperativa se parece mucho a la antítesis: establecer un contrato claro y conciso, y si es conveniente póngalo por escrito. Después, la cosa puede ser algo parecido a esto:

—Mira, estoy muy enfadado con esto. Estoy seguro de que podrás entender que quiero un automóvil que funcione.

151

Definitivamente, quiero que un profesional le haga una revisión. Respecto a los neumáticos, la delantera derecha y la trasera izquierda son iguales y tienen buena pinta, así que ¿por qué no dos ruedas nuevas de la misma marca?

—Bueno, eso estaría bien, pero ahora no lo puedo pagar.

—Quizá puedas pedir el dinero para la revisión, y comprar los neumáticos a crédito, ya que realmente necesito que hagas esto.

—¿Puedes dejarme el dinero? Te lo devolveré la próxima semana.

—Te prestaré el dinero si me firmas un pagaré y me dejas en depósito tu TV de pantalla plana hasta que me pagues.

ESTADÍSTICAS

Otra forma específica con la que es posible mentir es con las estadísticas. Las estadísticas se pueden maquillar tanto como se quiera.

—El ochenta por ciento de las mujeres en este país hacen el amor antes del matrimonio (así que vamos, cariño).

—El noventa y nueve por ciento de las personas que tratamos son clientes satisfechos (así que firme el contrato).

Pero no es necesario inventar estadísticas. Hay estadísticas (verdaderas o falsas) disponibles casi para cualquier tema, y se pueden usar para obtener ventajas. Y lo que es peor, grupos con intereses concretos, a menudo preparan programas completos de investigación diseñados especialmente para producir estadísticas que puedan ser usadas para sostener sus puntos de vista. Por ejemplo, el Instituto del Tabaco, que está fundado por las compañías tabaqueras, gasta anualmente millones de dólares haciendo encuestas. Obviamente, la investigación no se hace para probar que el tabaco es dañino para las personas. Sería muy poco probable que las tabaqueras gastasen millones de euros sin interés alguno en el resultado del estudio. Pero ellos confían en el hecho de que entre los cientos de resultados de los estudios, unos válidos y otros no, siempre haya alguno que pudiera ser usado para probar que fumar cigarrillos es seguro. Por supuesto, el engaño de los fabricantes de cigarrillos quedó finalmente al descubierto después de que una docena de sus Consejeros Delegados testificaran en una audiencia diciendo que no creían que los cigarros causaran cáncer. Meses después, salió a la luz un informe secreto que mostraba que estaban mintiendo. Todos ellos habían recibido los resultados de una investigación que probaba la relación con el cáncer muchos años antes. Detectar este tipo de mentiras de alto nivel es un caso realmente extraño.

Claro que esto no quiere decir que todas las estadísticas mientan. Sin duda, existen organizaciones reputadas en las que se puede confiar por su imparcial conducta en la investigación. Sólo estoy diciendo que es fácil mentir con las estadísticas.

Antítesis y Respuesta Cooperativa. La antítesis al juego de poder con estadísticas consiste en verificar su validez o afirmar el punto de vista propio sin hacer caso de la lógica o de las estadísticas.

La respuesta cooperativa sigue el mismo patrón que el usado para todos los juegos de poder:

—Desearía que no intentaras convencerme a partir de estadísticas que no puedo creer. Me vuelve loca. Te dije que no quiero hacer el amor contigo, así que ¿por qué no podemos ser sólo amigos? Realmente te aprecio y estoy deseando estar a gusto contigo, pero no quiero llegar al sexo. Vamos, ánimo, ¡divirtámonos!

RUMORES

El chismorreo es un juego de poder que usa las mentiras para su efectividad. Es especialmente efectivo en situaciones de confianza interpersonal, grupos, y pequeñas poblaciones. La gente puede introducir información falsa en la mente de las personas para manipularlas. Un gran ejemplo clásico es el *Otelo* de Shakespeare, en el que Iago miente a Otelo sobre su querida esposa llevando finalmente a éste a matarla y a su suicidio. Los chismes son un método muy poderoso para manipular a otros y son extremadamente difíciles de neutralizar cuando los usa un mentiroso inteligente. El chismorreo se emplea normalmente con tonos de secretismo, para sugerir que es una información confidencial que no debe ser puesta en circulación. Lo cierto es que son dichas para que circulen, pero el tono de confidencia implica que realmente no se ha dicho, y que así no se haga responsable al charlatán. Es como si el chismoso estuviera diciendo «Te estoy contando esto, pero realmente no te he dicho nada. Así que no me nombres, sólo pásalo».

Los rumores y chismes al seguir su recorrido se van distorsionando cada vez más y son capaces de provocar pánico. Los chismes se usan para «desinformar» cuando, para confundir a alguien sobre lo que está sucediendo, una persona siembra un rumor falso y confuso y lo hace correr. Es por consiguiente muy importante saber como tratar este juego de poder.

Antítesis. Una forma poderosa de tratar el chismorreo consiste en implantar un contra-rumor verdadero. Si está circulando el rumor de que Paco está profundamente endeudado y a punto de ir a la quiebra, Paco puede hacer que Belén haga correr una información que lo contradiga. Belén puede contar a la gente que Paco ha cancelado recientemente todas sus deudas con un préstamo unificado. Ese rumor se unirá al otro y tenderá a neutralizarlo. No obstante, y más concretamente para el tratamiento del chismorreo, las preguntas son una vez más extremadamente efectivas. Comprobar lo que la gente supuestamente dijo o hizo puede desinflar los chismes con sorprendente rapidez. Es importante con los rumores el no respetar los intentos de mantener el secreto que normalmente los acompañan.

Paco: «Rocío le ha estafado dinero a Eduardo».

Pepe: «¿De verdad? ¿De quién lo has escuchado?»

Paco: «Me lo contó Tomás».

Pepe: «¿Y quién se lo dijo a Tomás?»

Paco: «No lo sé».

Pepe: «Bueno, ese es un rumor lo bastante serio como para comentarlo, sobre todo cuando ni siquiera sabes de dónde viene. ¿Te importa si lo compruebo con Rocío y Eduardo? Ambos son buenos amigos míos, y me gustaría saber qué está pasando».

Paco: «Vaya. Tomás me pidió que no te lo mencionase porque sabía que te enfadarías».

Pepe: «En ese caso, no deberías habérmelo dicho, pero ahora que ya lo has hecho, me gustaría informarme. ¿Te parece bien?»

Respuesta Cooperativa. Cuando escuches un rumor resulta muy práctico informarse sobre las fuentes, y si se trata de algún testigo ocular o si es de oídas. Si es de oídas, es importante saber hasta qué nivel. Incluso si Paco escuchó el rumor por Tomás, quien lo oyó del mismo Eduardo, se puede esperar que la información probablemente esté distorsionada. Cada persona implicada añade su propia distorsión.

Eduardo puede sólo haberle dicho a Tomás que hizo un mal negocio con Rocío. Él incluso puede estar deseando hacerla responsable sin decirlo. Y puede, de hecho, haber hecho un buen negocio con Rocío.

Eduardo (a Tomás): «No hice un buen negocio cuando le compre ese coche a Rocío».

Tomás entonces le añade su propio giro.

Tomás (a Paco): «Eduardo dice que hizo un trato horrible con Rocío al comprar ese coche».

A continuación Paco añade su pizca de sal («Rocío engañó a Eduardo») y a partir de ahí un rumor repugnante ha comenzado. La respuesta cooperativa a este tipo de declaraciones consiste en preguntar si Paco fue testigo de la compraventa del coche y averiguar qué razonamiento siguió para llegar a esa conclusión.

En general, las informaciones de oídas deberían ser tomadas como muy cargadas de sal, especialmente si son de tercera o cuarta mano.

La respuesta cooperativa a un rumor consiste en contrastarlo con su origen, escuchar a todas las partes de la historia, y si el rumor es falso, esforzarse en poner la cuestión en su sitio con todas las partes implicadas. La gente que tiene por costumbre verificar la veracidad de los rumores son razonablemente inmunes a los juegos de poder con chismorreos, ya que en situaciones como esas el cotilleo tiende a acabar volviéndose en contra de quien lo empieza.

12. JUEGOS DE PODER PASIVOS

Hasta ahora, todos los juegos de poder que hemos tratado son usados de forma agresiva, esto es, por gente que intenta conseguir lo que quiere pasando al ataque. Pero existe todo un grupo de juegos de poder que son defensivos y consiguen sus objetivos de forma pasiva.

NADIE EN EL PISO ALTO

«Nadie En El Piso Alto» se basa en rechazar el reconocimiento de las expectativas de alguien. Si quieres que haga algo y yo no lo quiero hacer, puedo emplear un cierto número de tretas para disuadirte de lo que quieres. Pero también puedo simplemente rehuir el reconocer la petición. Se puede jugar «Nadie En El Piso Alto» con muchas variantes. No escuchando, leyendo el periódico, tomando notas en abundancia, mirando por la ventana, o haciendo algo mientras me estás hablando, son algunos buenos ejemplos. En el trabajo o en situaciones laborales es posible contestar el teléfono, e incluso de forma intencionada hacer que alguien nos llame durante una entrevista, y a continuación dejar caer «Continúe, le estoy escuchando. Sólo tengo que hacer algo de caso a estas pequeñeces». A esto también se le llama multitarea, que se supone que es buena cosa en este mundo nuestro de productividad sin fin. No obstante, lo que para uno puede ser multitarea, para otro puede ser alguien jugando a «Nadie En El Piso Alto». La multitarea o el «Nadie En El Piso Alto» pueden ser una barrera definida en la intimidad de las relaciones personales.

Una forma de la maniobra «Nadie En El Piso Alto» es olvidarse de una cita, olvidar instrucciones, o no acordarse de los compromisos. En general jugar al *Estúpido* («¿Quién?, ¿yo?», «Vaya, lo siento») es una forma con la que podemos frustrar las esperanzas de alguien, fingiendo ignorancia o nunca tomándolas realmente en serio.

Otra forma de jugar a «Nadie En El Piso Alto» es ignorar las reglas no escritas. «Cariño, no sabía que no podía limpiarme los zapatos con las toallas». O «¿Cómo se supone que debía saber que esperabas que la gente llamase a la puerta antes de entrar en tu dormitorio?».

Una versión particularmente odiosa de este juego de poder es ignorar las negativas, y en la que una persona continúa pidiendo algo después de habérsele negado repetidas veces. Las mujeres frecuentemente tienen esta experiencia con los hombres que no aceptan un «¡No!» por respuesta, y que perseguirán tercamente sus fines haciendo oídos completamente sordos a la pérdida de interés de las mujeres. A menudo esta clase de juegos de poder consigue romper la resistencia de las mujeres, que se someten sólo para quitárselos de encima.

Antítesis. La antítesis para «Nadie En El Piso Alto» consiste en simular que estás tratando con un niño retrasado, y pacientemente fijar su atención en la cuestión central, asegurándonos que permanece pendiente del todo.

—Por favor deja de leer el periódico y escúchame». (Y más tarde) ¿Te enteraste de lo que te dije? ¿Me lo podrías repetir?

—Estaré encantado de esperar hasta que termine su llamada. Pero, ¿quizá podríamos quedar a otra hora? Me gustaría tener toda su atención sin interrupciones.

—¿Está anotando esta cita? Déjeme ver... Lo apuntó en la fecha equivocada. Es para el 16 de Abril, no para el 19 de Abril.

—¿Le gustaría que le llamase para recordarle que me traiga esos papeles?

—No Ignacio, no quiero que me abraces un ratito. Si no me quitas las manos de encima, me voy a marchar. Por favor, para.

Con los jugadores de «Nadie En El Piso Alto», es siempre una buena idea tener disponible un medio de transporte propio y un lugar donde dormir y comer.

Respuesta Cooperativa.

—Me está cansando y enfadando de verdad que nunca te acuerdes de lo que te pido que hagas. Si esperas que me relacione contigo, tendrás que hacer algo para escucharme y hacer algún caso a lo que te pida. ¿Cómo podemos arreglar esta situación?

Hay que observar que al expresar los sentimientos que se generan, estoy mencionando el estar cansado y enfadado. Frecuentemente la gente tiene problemas para decir cómo se siente realmente. En vez de hacer esto, suelen evaluar o juzgar a la persona. Por ejemplo, no estoy proponiendo: «Siento que no te interesas en lo que digo» o «Me parece que me estás haciendo un juego de poder». Ninguna de estas dos frases expresan un sentimiento. Más bien, elaboran una teoría sobre qué está ocurriendo; una teoría no necesariamente cierta y que no expone cómo me siento yo, que es cansado y enfadado.

«Nadie En El Piso Alto» se juega a menudo como una escalada a un juego de poder agresivo de gente que está en posiciones de poder. Niños, sirvientes, o esclavos, pueden descubrir que «Nadie En El Piso Alto» es la única respuesta remotamente efectiva que tienen para la dominación de alguien.

ME LO DEBES

Este es un juego de poder pasivo que se basa en la explotación silenciosa del sentido de la obligación de otros. Los que usan esta maniobra están muy sintonizados con las culpas de otros. Un jugador de poder de culpa preparará el escenario haciendo una serie de cosas para la víctima, todas ellas con la intención de crear un sentimiento de obligación que pueda ser posteriormente recolectado. Las mujeres con necesidad de la seguridad de un hombre, a menudo prepararán el terreno creando la cantidad necesaria de culpa siendo cariñosas, entregándose, alimentando. Si él acepta estos regalos de ella, puede sentir con el tiempo que no ser recíproco con algún compromiso puede ser un abuso. Si su culpa es atrapada, puede que se case, que comience una familia, y que sustente a su mujer y a los hijos que vengan de por vida, todo ello basado exclusivamente en la culpa del «Me lo debes».

Por otra parte, los hombres usarán la misma treta con las mujeres para obtener lo que quieren (cuidados, calidez, amor y sexo) gastando grandes cantidades de dinero en viajes, comidas y espectáculos, con el propósito expreso de crear un sentimiento de deuda y culpabilidad. Cuando ambos se involucran en estas maniobras de búsqueda de culpabilidad, la situación es incluso más complicada que en las que ambos simultáneamente se hacen juegos de poder el uno al otro por cosas que no quieren dar, y finalizan bloqueados sin remedio en una complicada red de obligaciones, todo ello salteado con culpas y enfados.

Otra forma del juego de poder «Me Lo Debes» tiene que ver con los derechos. Supuestamente todos hemos nacido iguales, lo que significa que tenemos los mismos derechos ante la ley. Pero nuestra tradición histórica es que algunos son más iguales que otros; algunos asumen o poseen derechos que otros no tienen. Puede sonar extraño para muchos oídos, pero hace no demasiados años los derechos que la realeza tenía sobre el pueblo «provenían de Dios». El Rey tenía el derecho de demandar a sus súbditos el pago de los impuestos, ir a la guerra por ellos, abandonar sus tierras, y hacer cualquier cosa que deseara. Si no lo hacían, estaban yendo contra los designios divinos, y podían ser convencidos mediante simples argumentos morales (seguidos de encarcelamiento y tortura) que les recordaban sus obligaciones hacia Dios y hacia el Rey.

Similares derechos divinos fueron asumidos por los padres sobre los hijos, por los blancos sobre la gente de color, por los hombres sobre las mujeres, por la gente rica sobre la gente pobre, por la «gente educada» sobre las «masas». No es nada inusual para los niños, para los habitantes del tercer mundo y para los pobres que renuncien a sus derechos sobre la base de la culpa. Un ejemplo es la culpa que sienten los que no consiguen un trabajo o los incapacitados, cuando piden dinero o lo aceptan de la caridad. Este dinero es un derecho que tienen en una sociedad justa. Aún así, mucha gente se sentirá extremadamente culpable al aceptar ayuda, una culpa que es reforzada por los ricos de todas las maneras posibles.

Igualmente, a los patrones les gustaría que sus trabajadores estuvieran agradecidos simplemente porque se les ofrece trabajo; un trabajador agradecido aceptará un sueldo más bajo. Una treta similar se usa cuando una multinacional rebanacabezas cultiva la idea de que toda la empresa es una gran familia, lo que seguramente provocará culpa en los empleados insatisfechos, rebeldes o exigentes. A menudo los buenos empleados confunden el orgullo del producto de su trabajo (hacer un buen trabajo) con el orgullo del puesto de trabajo (trabajar para un buen jefe). No son lo mismo, y el orgullo del producto de su trabajo puede hacer que un empleado permanezca en un mal trabajo con un mal jefe.

Fundamentalmente, este orgullo es el orgullo de la obediencia, de ser un buen tipo, un buen niño, un buen «negro», una buena mujer o un buen hombre.

—Te doy un empleo, me debes trabajo duro.

—Debes tu vida a tu patria. Ve y lucha. ¡Sé un hombre!

—Soy tu esposo; trabajo duro. Quiero la cena preparada cuando llego a casa del trabajo.

—Pero, ¿qué queréis los negros? ¿Por qué no podéis estar satisfechos? Tenéis trabajo. Tenéis colegios. Podéis vivir donde queráis. ¿No es suficiente?

—Soy tu padre. Me debes respeto. No quiero que me respondas.

Derechos divinos, derechos paternos, derechos familiares; todos son profusamente usados, incluso hoy en día, como una manera de conseguir lo que queremos de otras personas.

Antítesis. La antítesis al «Me Lo Debes» puede ser difícil. Para no caer en esta clase de juegos de poder, una persona tiene que querer dejar de considerar la culpa como una emoción de referencia. No obstante, dejar de considerar la culpa como una emoción es algo peligrosamente cercano a rehusar cumplir las obligaciones con otros seres humanos. Tendemos a temer que rehusando a sucumbir a los juegos de poder tipo «Me Lo Debes», nos volveremos personas sin corazón, insensibles y completamente egoístas.

Hay algo de verdad en esto. El punto justo está, no obstante, en no llegar a ser insensible a las necesidades y deseos de otras personas. Sólo necesitamos saber qué es lo que queremos para cada cual. La culpa no es un buen indicador de cuáles son nuestras obligaciones. Un sentido de la responsabilidad, basado en unas claros principios morales es una base mucho mejor para decidir qué es lo que hay que hacer, en vez de un sentido de culpabilidad, el cual puede ser fácilmente estimulado por los egoístas juegos de poder de otras personas.

La antítesis al «Me Lo Debes», por lo tanto, consiste en afirmar «No te debo nada, y a menos que hiciéramos un trato, no tengo ninguna obligación hacia ti. Haré lo que quiera a mi elección, no por obligación; así que no moriré por mi país, no haré la cena, no me contentaré con este trabajo, ni estaré callado a menos que me plazca».

Respuesta Cooperativa.

—Espera un momento, Javier. Me da tristeza y me enoja que me hables así, diciendo que porque tú trabajas mucho y porque soy tu esposa, la cena tiene que estar lista en la mesa en el momento que llegas del trabajo.

—Entiendo que estés cansado, irritado y hambriento, y me gustaría ayudarte, pero no creo que tenga por qué, o que te lo deba. Lo hago lo mejor que puedo, pero me temo que la cena no siempre estará lista cuando llegues; así que hablemos de cómo podemos hacer que te sientas mejor cuando vuelvas a casa. Quizá te podrías dar una ducha caliente o quizá... (etc.)

Observa que tras decir cómo se siente ella, Pilar repite a Javier qué hace él para causarle esos sentimientos. No le espeta «Eres un cerdo machista» o «Me estás haciendo un juego de poder» o «No eres razonable», sino que le explica, lo más acertadamente que puede, qué es lo que hace él que la enfada o entristece sin juzgar ni interpretar, y cómo se siente ella cuando se encuentra con esos comportamientos.

13. LA RESPUESTA COOPERATIVA Y LA SOLUCIÓN CREATIVA

Miremos más a fondo la respuesta cooperativa a los juegos de poder. Consta de tres partes:

• Una expresión de cómo sienta ser víctima de un juego de poder.
• Un breve análisis del juego de poder efectuado.
• Una alternativa cooperativa.

Veamos la tercera parte de la respuesta cooperativa: la alternativa cooperativa.

El jugador de poder normalmente ofrece a la víctima del juego de poder una alternativa del tipo «esto o aquello». Esto es el resultado de una tendencia por parte de la gente controladora y competitiva para ver el mundo en términos de categorías mutuamente excluyentes: arriba o abajo, ganar o perder, esto o lo otro, blanco o negro, sí o no. El mundo, visto por un jugador de poder, es bidimensional, sin nada en medio. La imposición de estas estrechas dicotomías sobre la realidad es característica del enfoque controlador de la vida, y violenta un mundo que es multidimensional, con gran variedad de facetas y de colores. No hay nada de blanco o negro en el mundo real; todos los colores de la gama son importantes. Dondequiera que nos digan que debemos escoger entre dos (o tres) únicas alternativas posibles, es importante que recordemos que siempre existe otra-aunque-no-percibida elección que puede ser creada. La mayoría de las veces existe una solución creativa que provee a la mayoría de la gente con lo que quiere. La creencia en la existencia de una potencial solución creativa requiere que rehusemos aceptar las opciones presentadas por las personas controladoras mediante sus juegos de poder. Lo que parece una situación de suma cero (Yo gano = Tú pierdes) es reevaluada, de hecho es redefinida, de tal manera que nadie necesita perder y todo el mundo posiblemente pueda ganar. La escasez que subyace en el juego de poder puede ser resuelta, y las necesidades de la gente pueden ser razonablemente cubiertas, si no en su totalidad.

He aquí una situación que ejemplifica de forma maravillosa el concepto de alternativa cooperativa al juego de poder:

Durante un taller sobre Cooperación, en el que había disertado sobre la solución creativa, surgió la siguiente situación: había quedado con Josephine, una amiga mía a la que apenas había tenido ocasión de ver, para que me llevase desde el taller al aeropuerto más cercano. Durante la hora y media de viaje teníamos planeado hablar de los viejos tiempos, y ambos estábamos deseando encontrarnos. Uno de los participantes del Taller, un psiquiatra, tenía billetes para la Costa Oeste en el mismo vuelo que yo, pero no había conseguido quién lo llevara al aeropuerto. Cuando se enteró de que Josephine me iba a acercar, preguntó si también lo podría hacer con él. Al principio ella aceptó, pero en las horas siguientes se percató de que esto desbarataría nuestros planes para pasar juntos el rato. Él asumió que ella estaría de acuerdo en llevarlo y que, dada su extrema necesidad, no era razonable que ella rehusara acercarlo. Ella sintió que él estaba siendo poco razonable al esperar que lo llevasen y que él se las podía arreglar por sí mismo. Tocaron el asunto durante el Taller, pero después de mucho juego de poder con interrupciones, levantarse la voz, «Todo o Nada», e «Intimidaciones», la discusión llegó a un punto muerto.

Uno de los participantes del Taller se dirigió hacia mí y me retó: «Dices que hay una solución creativa para todos los problemas. ¿Qué sugieres para ésta?».

La situación parecía desesperada. Después de todo, tanto si venía en el coche e interfería nuestros planes de compartir juntos el rato, en cuyo caso él ganaba y nosotros perdíamos, como si rechazábamos llevarlo con nosotros, ¿dónde habría algún posible término medio? Recordé las palabras que Darca Nicholson me dirigió cuando por primera vez ella me introdujo en la Solución Creativa: «Cuando sea que se te presente una elección de blanco o negro, rechaza hacerla. Relájate. Siéntate y deja que tu fe en la naturaleza cooperativa de la gente te guíe. Investiga el problema en sí, no como es presentado: haz preguntas, observa el problema desde fuera y no en tu mente. Una Solución Creativa vendrá desde un arco iris de opciones».

—¿Qué tipo de coche tienes? —pregunté a Josephine.

—Un ranchera.

—¿Cómo es de grande?

—Es el viejo y gran Ford LTD.

—¿Tiene radio?

—Por supuesto. ¿Qué haría yo sin radio?

—¿Tiene altavoces traseros?

—Sí, supongo que sí.

Me volví al caballero y pregunté,

—¿Qué le parecería ir tumbado al fondo del coche con la radio encendida, mientras nosotros nos sentamos delante? ¿Promete no cotillear?

Se le iluminó la cara: la solución creativa estaba al alcance de la mano.

—Claro, es fantástico. Estoy muy cansado, y me gustaría dormir un rato.

Me volví hacia Josephine y le dije,

—Si ponemos el equipaje en el asiento trasero, encendemos la radio, y él promete no incorporarse ni escuchar, ¿qué tal te sentaría que lo llevásemos?

Ella, también, estaba encantada.

—Bien, seguro. Creo que servirá. Me puede valer.

Él iría sin cinturón de seguridad, pero todos estábamos deseando aceptar el riesgo ya que no era una solución perfecta, pero es un buen ejemplo de cómo, si uno rechaza aceptar la premisa «esto o aquello» del modo de control, uno puede encontrar, a menudo sorpresivamente, un término medio creativo que satisfaga a la mayoría de la gente, la mayoría de las veces.

También esto es un buen ejemplo de un «lugar de poder», ya que el posicionamiento era de importancia central aquí. Todos los que intentaron resolver el problema asumían que Stan naturalmente se tenía que sentar delante. Josephine, una trabajadora social, mujer y negra debería moverse para hacerle un hueco y desplazarse desde su posición de poder como conductora y amiga mía. Si Stan hubiera sido un niño habríamos hallado la solución inmediatamente, pero poner a Stan al fondo del vehículo era algo difícil de concebir. Una vez concebido, era obviamente la redefinición correcta de la situación. La forma de pensar estrecha y bidimensional implicada era que iría delante con nosotros. Después de todo, era blanco, era un hombre, era un poderoso psiquiatra. Al haber cedido alegremente esa poderosa situación delantera, él obtuvo lo que quería. Y nosotros también.

La solución creativa llega mediante la negociación. Todo el mundo pide lo que quiere, y con las necesidades y deseos de los implicados y todos los hechos a la vista, los factores de la situación son readaptados como las piezas de un puzzle. Las piezas no siempre se ajustan perfectamente, pero más a menudo de lo que parece pueden ser encajadas de alguna forma para que el arreglo final sea uno en que la armonía y la satisfacción sean mutuas. Incluso aunque puede que alguien no consiga exactamente lo que él o ella quería, el proceso de la cooperación es satisfactorio para uno y para los demás, y en una situación cooperativa todos tienen confianza en que con el tiempo las cosas serán correctas y equitativas.

14. LA PERSONA CONTROLADORA

La gente que está singularmente dotada para los juegos de poder de control, a menudo domina su entorno con los aspectos físicos de su persona: sus movimientos, su voz, su aroma. Pero igualmente a menudo su dominio es mucho más sutil. Se puede percibir sólo por la sutil energía opresiva transmitida por su lenguaje y por sus maneras, y los efectos de largo alcance de todo lo relativo a ellos: que repetidamente termina desencantándonos, como el que pierde por un punto, o de alguna manera no sintiéndonos bien.

Los que están primordialmente dotados para ser poderosos mediante el poder de control son vistos como competitivos, ambiciosos y centrados. Cuando una persona es todo esto, se le mira con ambivalencia; es admirada y envidiada, respetada y temida, querida y odiada. Nuestra cultura recompensa ampliamente a este tipo de gente con éxito, dinero y poder.

Un efecto de este tipo de excesiva energía controladora es que la persona se consumirá y agotará a sí misma a altas tasas. Gente como ésta es catalogada como personalidades de Tipo A[2], las cuales están al borde del colapso físico, la enfermedad, y de una muerte temprana. Literalmente gastan las energías acumuladas antes de completar su ciclo vital.

El ejercicio excesivo de este tipo de poder también es particularmente perjudicial para los demás. La Tierra, espe-

---

[2] Patrones de Conducta Tipo A y Tipo B: El patrón de conducta de los Tipo A es un grupo de comportamientos que presenta alta correlación con el riesgo de sufrir enfermedades coronarias. (N. del T.).

cialmente, es víctima de la gente controladora dado que manipulamos todos los aspectos de la biomasa; edificios y ciudades que la alteran, construyendo aparcamientos y autopistas, dañando los ríos, arrasando los bosques, canteras y minas por todo el país, secando los acuíferos hasta la extenuación, extrayendo petróleo de las entrañas de la tierra y derramándolo sobre su superficie contaminando la atmósfera.

A un nivel personal, la energía de control se siente como opresiva y es respondida con resentimiento. Las transacciones de control implican dominar a otros con las consiguientes luchas de poder y juegos. Las personas que son controladoras se ven a sí mismas rodeadas de otros que están enfadados, pasivos o ambas cosas.

Una vez dicho esto, es importante también añadir que el control es una valiosa fuente de poder que nos permite desenvolvernos de manera efectiva en nuestro entorno. El control como forma de poder, cuando se usa ética y cooperativamente y cuando no está fuera de control, nos ayuda a obtener los resultados deseados y previene efectos no apetecidos.

Estamos bajo muchos tipos de presiones. Externamente, están las presiones de la vida diaria, obtener descanso, manejarse con el tráfico, la burocracia, los atracadores, los pesados, el calor, el frío, la humedad y la lluvia. Internamente, nuestros sentimientos demandan una expresión constante; el enfado, la tristeza, el temor y la culpa nos pueden sobrepasar. Nuestra capacidad de controlar todas estas fuerzas es una importante forma de poder. El control, *per se*, no es bueno ni malo; es con el Control-fuera-de-control con el que hemos de estar en guardia.

LA TECNOLOGÍA DEL CONTROL

Si se puede confinar a las personas en prisión u otras instituciones (la escuela, o el hospital psiquiátrico) donde las recompensas y los castigos pueden ser estrictamente controlados, esto se puede usar para darle forma al comportamiento humano de manera efectiva. Igualmente efectivas son las sofisticadas estrategias usadas para controlar a la gente que no está internada en una institución por gente que está acostumbrada a dominar al resto.

Los ricos y poderosos han aprendido cómo manipular a sus colegas humanos durante un largo tiempo y han pasado su conocimiento a través de generaciones. El uso exitoso del poder de control se enseña a los niños de los poderosos mediante constantes ejemplos desde la guardería hasta las universidades privadas. Libros como *El Príncipe* de Maquiavelo han sido escritos para ellos, y tienen abogados, expertos relaciones públicas, políticos, sociólogos, psicólogos, médicos y otros profesionales a su disposición. Sus habilidades de control son constantemente actualizadas.

Cuando se desarrolla en su extensión más sutil y poderosa, el control no es fácilmente detectable; tiene lugar detrás del escenario, de manera silenciosa y efectiva, preferiblemente mostrando una sonrisa amistosa. Todos los altos políticos y corporaciones a los que les gustaría llevar las riendas de nuestra vida han perfeccionado métodos efectivos de control, y los usan en cada oportunidad, mediante campañas de relaciones públicas, propaganda y publicidad. La mayoría de la gente tiene dificultad en creer que estamos bajo la constante influencia de fuerzas controladoras y asumirá que aquellos que se rebelan a esa influencia son «paranoicos».

Como expondré posteriormente, la paranoia es normalmente un estado de consciencia exacerbada, y el temor al control es una emoción válida. Sólo necesitamos dar un vistazo a lo que ocurre cuando el control queda fuera de control para empezar a respetar a quienes están paranoicos.

EL-CONTROL-FUERA-DE-CONTROL

El control se puede desmadrar de forma enorme o mínima. Más íntimamente, podemos experimentarlo cuando el control de nuestras emociones se nos va de las manos. Podemos suprimir nuestros sentimientos de tal manera que en

171

adelante no seamos capaces de sentir nada excepto dolor, frío, estar anestesiados o sentirnos muertos. Las instituciones mentales y educativas, prisiones y el estamento militar son entornos fértiles para el control desaforado. A escala nacional, vemos gobiernos intentando controlar completamente las noticias o subyugando totalmente a su población. Tenemos compañías petrolíferas que buscan dominar todo el campo energético. Internacionalmente, el Banco Mundial controla cada transacción económica de importancia del mundo, y tiene el poder de la vida o la muerte económica sobre cualquier gobierno menor, poder que usa a su gusto. Durante la presidencia de George W. Bush los Estados Unidos se han visto envueltos en un flagrante intento de convertirse en la nación controladora del globo. Sólo los efectos combinados de la información inmediata, las comunicaciones y el proceso democrático fueron capaces de pararlo a él y a su gabinete.

El ejemplo extremo de Control desmadrado es el Tercer Reich de Hitler, el cual en su marcha para dominar el mundo se convirtió en un complejo mecanismo de asombrosas proporciones y efectividad, en el que la industria y el comercio alemán, el ejército, los medios, los juzgados, y el pueblo alemán trabajaron todos juntos para exterminar millones de seres humanos, arrasar ciudades enteras, subyugar países completos, y casi consiguen su objetivo de la total dominación mundial.

Nosotros, en este país, estamos acostumbrados a la libertad y a la independencia, y estamos haciendo constantes taladros en el poder de las corporaciones y los gobiernos. No tememos seriamente el Control-desmadrado al estilo nazi. Más bien hemos sido afortunados; esperemos que nuestra suerte perdure, pero no debemos relajarnos y pensar que ese tipo de control y dominación no puede suceder aquí.

Tenemos una creciente y poderosa Ala Conservadora en este país. El Ala Conservadora no está hecha de tacaños extremos o zoquetes fanáticos. El movimiento que están construyendo no es el sueño de un lunático, sino el producto de las apasionadas convicciones de los conservadores, más la riqueza de las corporaciones y la tecnología del siglo XXI. Su objetivo es el control completo. Con nuevos y efectivos métodos políticos, usando ordenadores para localizar simpatizantes y conseguir fondos, y con una propaganda sofisticada, implacable y psicológicamente efectiva, están ganando elecciones y apuntando y derribando a políticos que constituyen una amenaza a sus designios.

Aunque la Nueva Derecha usa la vida, los niños, la libertad y la familia como cosas suyas, favorece la pena de muerte, trata a los niños como adultos, enjaula un gran número de criminales no violentos mayormente de color, descontrolando la posesión y venta de armas, aboliendo los derechos de las mujeres en materia de reproducción, destruyendo los sindicatos y los servicios sociales para los pobres y necesitados. Si sigue su senda, la Nueva Derecha probablemente no masacrará a negros, judíos o homosexuales; amenazará la vida en una escala menor pero siguiendo líneas similares. Con la excusa de luchar contra el terrorismo, se instalará un estado policial que se puede usar para suprimir a quien disiente. Para ayudar a las corporaciones multinacionales, abolirá las salvaguardas y restricciones medioambientales, cosa que nos llevará al desastre ecológico. Incrementando el poder del ejército con enormes partidas al presupuesto militar, que sólo pueden salir de los programas y prestaciones para el bienestar social, alejará el poder de la población en general para depositarlo en manos de los líderes del complejo militar industrial. En resumen, el propósito del Ala Conservadora es concentrar aún más el poder en las manos de unos pocos, quienes habrán entonces incrementado ampliamente el control sobre nuestros destinos.

El programa de la Nueva Derecha, si tiene éxito —y está haciendo grandes progresos— devolverá el control a los súper-ricos y súper-poderosos. Aquellos de nosotros que queremos una distribución justa del poder para continuar en este país tendremos que luchar en todos los niveles: personal, local, estatal, y nacional.

En este libro estoy intentando explicar qué es el control y cómo funciona en el día a día, que es la base personal con la que podemos prevenir que otros gobiernen nuestras vidas, y por tanto tener la oportunidad de ser poderosos en el reino del Otro Lado del Poder.

15. LLEVAR LA COOPERACIÓN A UN MUNDO COMPETITIVO

He perfilado los diferentes juegos de poder que la gente usa para manipular a los otros en su vida diaria. He recomendado antítesis específicas para esos juegos de poder. Lo he hecho con la esperanza de que al entender las transacciones concretas implicadas en los juegos de poder específicos, serás capaz de defenderte contra la manipulación no deseada.

Aún más, lo he estado comentando en el plano transaccional del análisis; los movimientos específicos y las contramaniobras de los juegos de poder y la cooperación. Déjame ahora dar un paso atrás y observar diferentes tipos de personalidad y sus actitudes con los juegos de poder.

He encontrado que es posible discernir cuatro niveles de consciencia con respecto a los juegos de poder:

Nivel I (Consciente): Usándome a mí mismo como ejemplo, puedo ver un juego de poder a kilómetros de distancia. Aprendí cómo usar los juegos de poder muy pronto en mi vida, y he empleado décadas estudiándolos. En consecuencia, estoy lo bastante y razonablemente alerta, y puedo ver los juegos de poder de la gente de manera clara cuando los usan para que yo u otro hagamos algo que no queremos hacer. También soy consciente de mi uso de los juegos de poder, aunque me es más fácil verlos en otros que verlos y admitirlos en mí mismo.

Nivel II (Muy Intuitivo): Otros, si bien no son tan claramente conscientes de qué es un juego de poder y cómo funciona, son no obstante conscientes cuando están siendo manipulados y reaccionan con un envaramiento reflejo, un apoyarse en sus talones, una resistencia silenciosa que puede ser muy efectiva para desviar la manipulación.

Nivel III (Poco Intuitivo): Si bien no son conscientes inmediatamente de haber sucumbido a un juego de poder, llegan a darse cuenta de haber sido manipulados en horas o días posteriores, mientras se están limpiando los dientes o en la mitad de la noche. Muy a menudo, este retraso en el reconocimiento da como resultado una reacción de enfado, que es reprimida porque le parece irracional. Después de todo, razonan, ellos continuaron el juego de poder, por lo que sólo se pueden culpar a sí mismos por su propia estupidez.

Nivel IV (Desprevenido): Finalmente, algunas personas simplemente continúan con lo que se les requiere, nunca siendo conscientes de que están siendo manipulados a pesar del efecto acumulativo de someterse repetidamente a los juegos de poder que otros les hacen, y que al final les causa sentirse mal sin tener ni idea del porqué.

Añadido a estos cuatro niveles de consciencia sobre el ser controlado por otros, existen cuatro tipos de personalidades controladoras:

1. Cabeza Fría. Algunas personas son completamente conscientes de usar juegos de poder; tan conscientes como el que pulsa un interruptor para encender la luz. Para algunos profesores, psicoterapeutas, vendedores, médicos, políticos, administradores y jefes, la manipulación de seres humanos es una segunda piel; un procedimiento a seguir para conseguir sus objetivos con su propia conciencia como única guía. Cuando los manipuladores conscientes encuentran resistencia, su respuesta es deliberada y sistemática: o escalan en el juego o se retiran a una posición segura a esperar una oportunidad mejor, que finalmente usarán para tener ventaja. No son apasionados, y no se enfadan ni se implican particularmente. Operan para permanecer sin ser detectados; suave y naturalmente. Son de sangre fría y están dentro de una poderosa minoría dada su efectividad.

2. Cabeza Caliente. Un segundo grupo de personas es el de los jugadores de poder instintivos. Crecen en un ambiente en el cual los juegos de poder son libre y frecuentemente usados, y en consecuencia aprenden a usarlos. El uso por su parte es semiconsciente, y no necesariamente deliberado. Son jugadores de poder impulsivos, los cuales, cuando encuentran resistencia, a menudo pierden el control y escalan en el juego, terminando más bien por conseguir menos de lo que querían. Cuando crían a sus hijos, les enseñan cómo jugar el poder, y luego proceden a practicar sus habilidades con ellos. La mayoría de las veces, los hijos de padres de Cabeza Caliente no pueden esperar el escapar de ellos. Pero cuando alguna vez lo consiguen, no pueden evitar continuar con el mismo patrón de Cabeza Caliente con sus esposas, amigos, o sus propios hijos.

3. Inocentes. La tercera categoría es la de las personas básicamente ingenuas. Debido a su formación, no tienen habilidades en los juegos de poder y no parecen darse cuenta siquiera de la existencia de los juegos de poder. Tratan de conseguir las cosas pidiéndolas inocentemente, confiando en conseguirlas, como suele suceder a menudo. Se sorprenden cuando descubren hasta qué grado algunas personas controlan a otras mediante juegos de poder.

4. Cooperadores. El cuarto tipo rechaza el uso de juegos de poder y cree que es preferible cooperar a competir para conseguir lo que quieren. Conocen la existencia de juegos de poder, saben cómo usarlos y cómo pararlos, y también cómo responder cooperativamente. También son una minoría poderosa y efectiva, y frecuentemente son desertores de las filas de los jugadores de poder conscientes.

Estos cuatro tipos de jugadores de poder (el cabeza fría, el cabeza caliente, el inocente, y el cooperador) se encuentran e interactúan a menudo. A continuación destaco algunas de las interacciones más interesantes:

Un Cabeza Caliente se encuentra con otro (Alboroto). La relación entre dos jugadores de poder cabezas calientes suele ser de escalada o alboroto. Estos dos jugadores de poder pueden desarrollar una intensa confrontación. Si sucede que se enamoren, abandonarán sus juegos de poder durante ese tiempo, pero finalmente su relación será un constante y competitivo enfado. Pueden situarse en ese enfado y no pasar de ahí. Cuando un cabeza caliente se encuentra con otro, normalmente tienen buenos ratos esporádicos, mientras cada uno intenta tirar del otro cuanto pueda. Finalmente, no obstante, su relación puede convertirse en una desagradable e interminable batalla diaria de las voluntades.

Un Cabeza Caliente se encuentra con un Inocente (Subyugación). En una sociedad sexista, esta es la relación entre hombres y mujeres, dado que la mayoría de los hombres en dicha cultura son intensivamente entrenados en el uso de juegos de poder, mientras que a las mujeres se las entrena para aceptar vehementemente lo que los hombres deseen. En esta situación, el cabeza caliente consigue sistemáticamente lo que quiere en la relación, con el inocente siguiéndolo hasta que al final, años después, la realidad se impone y la insatisfacción y el enfado sobrepasan al inocente. En ese punto, el cabeza caliente no puede entender por qué la hasta ahora satisfecha y sumisa compañera se enfada repentinamente y se niega a continuar así. Puede entonces escalar su juego de poder, llegando a la violencia o a la amenaza de violencia, y subyugar al inocente, que ya no lo es tanto, pero lo hará de forma alocada.

Un Inocente encuentra a otro (Armonía). Cuando se encuentran dos personas siendo ambos inocentes, la experiencia es de armonía y comunicación fluida. Existe un flujo de sentimientos agradables y entendimiento mutuo. El encuentro de inocente con inocente tiende a pasar desapercibido en el mundo del poder de control porque los inocentes

178

suelen no tener nada, y por lo tanto no se les hace caso. Pero estas conexiones existen a menudo entre las mujeres o entre miembros del Tercer Mundo u otras subculturas oprimidas. La relación entre la gente amable y dócil de este mundo necesita ser observada y entendida ya que, como dice la Biblia, ellos serán los que heredarán la tierra. De ellos podemos aprender cómo ser libres de los juegos de poder unos de otros.

Un Manipulador Consciente encuentra un Cooperador (Contienda). Hay un gran número de otras posibles combinaciones entre conscientes, jugadores de sangre fría, cabezas calientes, inocentes y cooperadores en las que no voy a entrar, pero la confrontación entre el jugador consciente y el cooperador es de particular importancia. Estoy interesado en esta relación desde la posición ventajosa del cooperador, que es en la que me esfuerzo en estar. El jugador de poder de sangre fría suele vivir en un mundo en el que las cosas suceden de acuerdo a sus deseos. Está convencido de que lo que quiere es razonable y cree que el uso de métodos de manipulación, incluida la fuerza, para conseguir esos fines está justificado. Pasará a la ofensiva para conseguir lo que quiere. Lo fuerte que llegue a jugar depende sólo de cuánta energía tenga a su disposición.

Si está contratado como manipulador a sueldo, lo hará durante cuarenta horas semanales. Si está siendo un manipulador por cuenta propia, empleará todas sus horas de vigilia en ello (puede que también las de sueño). Muy a menudo trabaja en grupo con otros que comparten su punto de vista: y si su grupo es lo suficientemente grande, puede estar al mando de enormes cantidades de poder y riquezas. Tanto si opera por sí mismo como si lo hace en equipo, está predispuesto a ser poderoso, ya que la mayoría de la población está indefensa ante un adepto de la manipulación.

Por otro lado, el cooperador está interesado en conseguir cosas teniendo el máximo número de personas participando voluntariamente y sin ser manipuladas. Consecuentemente, el manipulador y el cooperador tienen cruzados sus propósitos casi en cualquier situación y sus peleas son dignas de ser documentadas.

Escribiré sobre esa lucha desde el punto de vista del cooperador, una persona que entiende los juegos de poder y no desea seguirlos o usarlos. La reyerta entre el manipulador consciente y el cooperador es ilustrativa de los asuntos que estoy intentando sacar a flote. La tarea del cooperador en un enfrentamiento con un manipulador consciente consiste en identificar y detectar el juego de poder e influenciar al manipulador, sin hacer uso de juegos de poder, para que desista de controlar a otros y llegue a ser más democrático y cooperativo en su comportamiento. Veamos estos pasos con más detalle:

IDENTIFICAR EL JUEGO DE PODER

Tener habilidades y conocimientos en el área del control y de los juegos de poder es similar a tener habilidades y conocimientos en cualquier otra área. Una persona que sea habilidosa sentirá el propósito de un manipulador y estará alerta de que se está montando un juego de poder. El movimiento de poder será reconocido y se responderá de forma apropiada y sin alterarse. Tener destreza y conocer los juegos de poder a fondo no quiere decir que uno no se meta en callejones o que no sucumba a ellos, sino que hay un sentido de alerta sobre lo que está ocurriendo y sobre qué es lo mejor que se puede hacer para evitar problemas.

DESVIAR LA MANIOBRA

Como he mencionado previamente, cuando a uno le hacen juegos de poder existe una fuerte tendencia a reaccionar con un juego de poder más fuerte (escalada) o a rendirse (sumisión). La respuesta cooperativa se halla entre estos dos extremos. Antes de hacer nada, hay que desviar el impacto del juego de poder. En la mayoría de las ocasiones, cuando el juego de poder es sutil, es suficiente simplemente con no responder. Por ejemplo, si el juego de poder es el «Estás bromeando, ¿verdad?», para desviar la maniobra de poder es suficiente con no decir nada. Esto no resuelve el problema, pero frena el juego de poder, ya que para ser efectiva la maniobra requiere una respuesta de la víctima. Por otra parte, si el juego de poder implica el hablar rápido o las interrupciones, no es suficiente con quedarse callado, dado que esto se verá como aceptación y será tomado como un permiso para continuar esa vía.

El último ejemplo es una buena oportunidad para usar el Freno Universal de Juegos de Poder (FUJP). Este pequeño artefacto funciona sorprendentemente bien en casi todas las situaciones en las que se necesite desviar un juego de poder. Es ligero, manejable, y se puede llevar en el bolsillo para un uso inmediato. El nombre de esta pequeña maravilla es EUM (o ¡Espera un Momento!). EUM es efectivo en la mayoría de situaciones como freno de juegos de poder. EUM corta el flujo de un juego de poder, es una frase que frena el control y que se puede usar casi en cualquier circunstancia en la que sientas que algo no está bien, o en la que estás a punto de hacer algo que no quieres, o si ves que te están liando. Te da la oportunidad de parar, pensar, darle otro vistazo, y decidir qué es lo que quieres hacer en una situación dada. EUM, puede ser dicho cortésmente, como en «Perdone, me gustaría esperar un momento para aclararme», o poderosamente «¡Eh! ¡Espera un momento!», dependiendo de la manipulación de que se trate. Es necesario que se use con la suficiente potencia para llegar a una igualdad en el poder y parar el juego, pero sin excedernos como para que sea una escalada. Por lo tanto, no se dirá suavemente, «Discúlpeme, me gustaría pensar sobre ello» a alguien que tiene sus manos apretándonos el cuello. Tampoco será correcto gruñir «¡Joder! ¡Espera un puto momento!» a alguien que te interrumpe en medio de una frase. Por fortuna, EUM consta de una gama de posibilidades flexible y adaptable para casi cualquier circunstancia.

ELEGIR UNA ESTRATEGIA CREATIVA

Una vez desviado el juego de poder y parado el flujo de energía controladora, tenemos ahora tiempo y espacio para pensar sobre la situación. Si nada se aclara tras reflexionar un segundo, podemos hacerlo un minuto, decir que lo vamos a hacer por la tarde, o durante toda la noche antes de decidirnos a responder.

Esto da una buena oportunidad para hablar con otras personas, consultar algunos libros, o darle vueltas en la cama al asunto; en resumen, aportar al juego información sobre la situación. Cuando el juego de poder es la norma en una situación, no ganamos nada actuando precipitadamente; algunas veces sólo un período de tiempo aportará la necesaria alternativa creativa a la consciencia de la gente. Conseguir información para tomar una decisión acertada puede llevar días; otras veces será cuestión de segundos darse cuenta de qué es lo que podemos hacer. Cuando nos tomamos un tiempo para localizar el juego de poder y recordar la antítesis y la respuesta cooperativa adecuada, ganamos la fuerza y la práctica para ejercitar la oposición a las manipulaciones de otros, que es necesario para sustituir el Control por Cooperación.

En la lucha constante para eludir a los jugadores de poder puede que incluso esté bien, de vez en cuando, dejar que las cosas se pospongan. Quizá es viernes por la noche y estás cansado o estás ocupado en otra cosa, o simplemente ahora no estás para nada. En un momento así, puedes elegir tratar la situación usando una antítesis y postergar la pelea para otro día.

En este punto puede resultar efectivo decir:

—Parecen interesantes esas estadísticas que me está mostrando, Sr. López. Me gustaría que las cotejásemos juntos en la biblioteca.

O,

—Es una difícil elección la que me presenta sobre el Sr. Jiménez. Lo tengo que discutir con algunos amigos.

Te puedes sorprender al escucharme decir esto: postergar las cosas parece un contratiempo. Pero no lo es tanto. El deseo de trabajar juntos, compartir, cuidarse unos a otros y cooperar es algo que está en lo más hondo de las personas (de hecho en todas las especies animales) como nos muestra Kropotkin en su libro *El apoyo mutuo*. Tomarse un tiempo para permitir que las condiciones adecuadas se desarrollen, para que la naturaleza siga su curso, es algunas veces el mejor plan de acción. Igual que una semilla, la cooperación espera las condiciones en las cuales pueda florecer. Nuestro trabajo consiste en preparar el terreno lo mejor que podamos aprendiendo sobre el control y los juegos de poder, y comportándonos tan decentemente como sepamos y tanto como nuestro aguante nos permita.

Hay cientos de miles de personas solas en este país que creen en el esfuerzo cooperativo. Guarderías cooperativas y centros de atención infantil, clínicas y economatos, cooperativas agrícolas, fincas y lugares de trabajo gestionados democráticamente, centros de maternidad alternativos, editoriales, periódicos, cineastas; es una lista sin fin. Puedes tener una idea de quién está implicado en Internet. Tan sólo pásate por tu buscador preferido y teclea: Cooperación. Encontrarás que hay millones de enlaces para visitar.

Todas las personas implicadas en esa variedad de proyectos están de acuerdo en una cosa: quieren trabajar juntas como iguales, sin juegos de poder. Quieren poner fin al abuso de poder y a las jerarquías, quieren vivir sin guerras ni violencia, y lo quieren de tal manera que están deseando trabajar en ello dura y permanentemente. Así que cuando te sientas cansado y desalentado por un manipulador consciente particularmente difícil, coge ánimo: no estás solo, todos estamos juntos en esto, y todos tenemos la naturaleza cooperativa de nuestro lado.

JUEGOS PSICOLÓGICOS VS. JUEGOS DE PODER

Los estudiantes de análisis transaccional y de los juegos en que participan las personas notarán la similitud entre los juegos psicológicos y los juegos de poder.

Dejadme aprovechar esta oportunidad para contrastar brevemente los juegos psicológicos y los juegos de poder. Tanto unos como otros se definen como una transacción o serie de transacciones con un propósito y un saldo. En los juegos, el propósito es conseguir caricias (ventaja biológica), para estructurar el tiempo (ventaja social), y reafirmar el punto de vista que uno tiene de sí mismo (ventaja existencial).

Por ejemplo, *Schlemiel*, descrito por Berne, es un juego en el que una persona en una reunión hace una trastada tras otra, a la vez que se disculpa continuamente ante la víctima de sus torpezas, obteniendo así perdones por sus errores. De acuerdo a la teoría de juegos, el juego se juega (a) para obtener caricias (reconocimiento positivo bajo la forma de perdón, o reconocimiento negativo en caso de enfado), (b) para llenar su tiempo con una actividad interesante, y (c) para reafirmar lo que el protagonista piensa de sí mismo: que es una especie de colega torpe pero perdonable.

En los juegos de poder, el propósito es obtener algo de alguien en contra de los deseos de esa persona. «¿Estás satisfecho ahora?» (ESA) es un juego de poder para obtener la razón. «¿Lo ves?, yo tenía razón y tú estabas equivocado. Lo hice tal como me dijiste, y mira lo que ocurrió». *Schlemiel* y ESA son muy parecidos uno al otro, ya que ambos tienen las caricias como el saldo intencionado. Se puede argumentar que un juego es una forma sutil de juego de poder para obtener caricias. Si ése llegase a ser el caso, entonces jugar juegos será otra consecuencia enfermiza del mal uso del poder de Control.

Ciertamente, Berne estaba al tanto de la forma en que la gente manipulaba transaccionalmente a los demás. Él describe la transacción angular, mediante la que un vendedor deliberadamente provoca al Niño del cliente para que compre algo mientras aparenta estar hablando de Adulto a Adulto.

Vendedor: «Esta es la mejor lavadora, Sr. Gómez, pero vale demasiado dinero».

Sr. Gómez: «Me la llevo». (¡Nadie me va a decir cuánto me puedo gastar!)

La transacción angular se ajusta a mi definición de juego de poder; una maniobra para provocar que el Sr. Gómez haga algo que de otra forma no haría. Con la transacción angular Berne hizo una rara incursión, la única de la que yo soy consciente, en asuntos relativos al poder.

Abandonar el Control

16. DEJAR HACER

Hasta ahora te he dado una idea de cómo funciona el control y qué puedes hacer para evitar que te controlen. Te puede resultar difícil de aceptar el hecho de que es una buena idea no responder a los juegos de poder con otros juegos de poder. Estamos tan inmersos en los placeres del control que es duro abandonar la alegría de zarandear y aplastar a alguien que, obvia e ilegítimamente, y con razonamientos maliciosos nos manipula. Este libro bien se podría titular *Cómo evitar que la gente te manipule y hacerles lamentar el haberlo intentado*, pero no es esa mi intención.

No obstante, asumamos que aceptas por decoro la autodefensa en vez de una actitud retadora. Aun así, puede ser difícil aceptar la intención o el hecho práctico de buscar una solución cooperativa con un jugador de poder obstinado. De alguna manera te estoy diciendo que abraces a tu enemigo y lo conviertas en un amigo, en vez de eliminarlo. Y si esto fuera excesivo me permito sugerirte, ahora que sabes cómo evitar que otros nos controlen, que igualmente podemos y deberíamos evitar intentar controlar a los demás.

Asumiendo que estás de acuerdo con la mayoría de lo expuesto hasta ahora, estoy listo para convencerte de que des el salto de fe necesario para dejar el Control y hacer hueco para el otro lado del poder. Abandonar el Control y rellenar el vacío de poder que ha quedado es el tema de esta sección.

Te puede parecer que al pedir a la gente que deje de controlar les estoy proponiendo que dejen atrás siglos de tradición (un sistema efectivo en el mundo «civilizado») y que los sustituyan por algunas ideas vagamente definidas que suenan bastante melifluas. Después de todo, estamos hablando de una rebelión contra la obediencia, las jerarquías, el respeto a la autoridad o la relación líder-seguidor, todas ellas cosas que respetamos. Mi respuesta es que estás acertado: estoy pidiendo un gran pacto, pero también estoy prometiendo un gran pacto. Te estoy prometiendo un tipo de poder que, como la otra cara de la luna, la mayoría de nosotros no la podemos ver y solamente la podemos imaginar. Te estoy prometiendo la experiencia resultante de ser un individuo poderoso que vive en armonía consigo mismo y con los otros, así como con el entorno. Te prometo la paz mental y la satisfacción que provienen del conocimiento de que aun mejor que tus habilidades está el hecho de que estás siendo una persona buena y justa. Y al mismo tiempo te estoy prometiendo que en general tu poder en el mundo se incrementará.

La manera en que el control moldea nuestras vidas afecta a muchas facetas de nuestro comportamiento. La forma en que usamos nuestros cuerpos, nuestra manera de conversar, de hacer el amor, el modo en que tratamos a los que tienen más poder o menos del que tenemos nosotros, qué sentimos sobre las mujeres y los hombres, sobre los niños, los ancianos, la gente de color si somos blancos, sobre los pobres si tenemos una posición económica cómoda, sobre los (y las) homosexuales si somos heterosexuales, o sobre los solteros si tenemos una relación de pareja estable; todas ellas están afectadas por nuestra posición de poder y todas ellas están necesitadas de revisión y posible cambio. Y si muchos se unen a este punto de vista podría prometerte un mundo en el cual la violencia y el abuso del poder podría ser una excepción en vez de ser lo normalmente esperado. Finalmente puedo prometerte que no sólo aumentará tu poder sino también el poder de los que te rodean.

UN EXPERIMENTO PARA INVERTIR EL PODER.

La primera vez que llegué a darme cuenta de la extrema sutileza y omnipresencia del control fue en 1969, cuando Hogie Wyckof, queriendo darme una lección práctica sobre la materia, propuso que tuviéramos una cita en la cual cambiaríamos los roles sexuales. Quería que llegara a comprender cómo sienta ser el destinatario final de las formas sutiles y no tan sutiles del comportamiento de control que se da entre hombres y mujeres. Ella actuaría como «el hombre» y yo actuaría como «la mujer» durante toda la tarde. Esta experiencia al principio fue entretenida, más tarde resultó alarmante, y finalmente desconcertante.

Habíamos acordado que me recogería en su coche. Mientras la esperaba, me acercaba a la cita como a un juego, exagerando conscientemente mi preocupación por lo que me iba a poner y cómo me quedaría. Me examinaba ante el espejo buscándome faltas, y preocupado por si ella estaría contenta con mi apariencia.

Me iba a recoger a las 6:00. A las 6:05 me llamó. «Perdona, pero es que me han retrasado con una llamada importante. Me pongo en camino ahora mismo».

Eso significaba que iba a llegar unos quince minutos tarde. A las 6:15 oí su coche por la calle y el sonido de la bocina. Estaba listo para salir y dado que íbamos tarde pensé que quizá debería salir a la calle. Pero como estaba un poco enfadado por su prepotencia, me quedé donde estaba. Un minuto más tarde ella subía los escalones de dos en dos y aporreaba la puerta ruidosamente. Me tomé mi tiempo para llegar a la puerta y abrirla, y allí estaba ella, llena de energía y como si nada hubiera pasado.

—Hola guapa. ¡Qué tal! —me espetó.

Yo, feliz de verla, le devolví la sonrisa y respondí:

—Bien. ¿Quieres entrar?

—No, vámonos.

Me volví a por mi abrigo, y mientras corríamos escaleras abajo me preguntó:

—Bueno, ¿adónde quieres ir esta noche?

Antes de que pudiera contestar añadió:

—Te lo digo yo. Tengo una gran idea. Nos vamos a Giovanni's.

No tenía claro que me apeteciera comida italiana esa noche, pero parecía una buena idea, y como yo no tenía otras sugerencias acepté encantado. Me guió al lado del acompañante, abrió la puerta y me ayudó a entrar. Suavemente agradecí la comodidad de no tener que abrir y cerrar la puerta para entrar en un deportivo de perfil bajo como el suyo. Ella se pavoneó al pasar por delante del capó mostrándose maravillosa, y me lanzó una sonrisa. Abrió la puerta, entró y, antes de arrancar se inclinó hacia mí, y con una mano en mi muslo y la otra tras mi cuello, me atrajo hacia ella dándome un beso en los labios. Mientras conducía me di cuenta, por primera vez desde que la había conocido, de que era una buena conductora, adelantaba habilidosamente, y realizaba los giros de forma precisa. También, me encontraba ligeramente incómodo con su velocidad y apretaba mis pies contra la alfombrilla. Mientras conducía, me hablaba animadamente, perdiendo de vista de vez en cuando la calle para mirarme a los ojos. Estábamos enamorados y felices de estar juntos. Mi ligera incomodidad por estar en el asiento del acompañante (normalmente era yo quien conducía cuando salíamos) era un sentimiento menor comparado con mi excitación y alegría por estar con ella.

Al caminar hacia el restaurante, me cogió del brazo y, siempre muy sutilmente, me guiaba por la acera. Era una calle atestada de gente y evitaba tropezar con otros caminantes al desplazarnos a izquierda y derecha, siempre señalando con una presión en mi brazo la dirección en que quería ir. Yo acataba. Abrió la puerta del restaurante y mientras entrábamos se colocó delante de mí y le indicó al maître:

—Por favor, una mesa para dos en el fondo del local. Preferiríamos un reservado si pudiera ser. Gracias.

Ambos observamos la cara de estupor de nuestro anfitrión y nos divirtió la situación. Definitivamente ella se sentía feliz, y yo también mostraba un buen sentido del humor.

Pedimos algo de beber mientras esperábamos, y cuando el maître se dirigía hacia nosotros, intentando ignorarla me dijo, «Señor, su mesa está preparada». Hogie se colocó entre ambos y nos guió adentro. Ligeramente molesto, el maître nos acompañó a nuestra mesa. Me senté primero mientras ella me acomodaba la silla, y se lo agradecí.

Nuestro cambio de papeles iba a ser completo. Mientras miraba el menú pensé, «Puedo pedir lo que quiera...». Pero luego recapacité que no debería ser tan glotón y restringirme a una cena de importe razonable. Cuando vio lo que pedía dijo:

—No quieres cenar eso. Escucha —me soltó mientras acariciaba mi muslo bajo la mesa.

—Te recomiendo que tomes la ternera a la parmesana. Aquí la hacen realmente bien.

Me estaba poniendo un poco confuso. Por alguna razón, ella estaba disfrutando esta charada inmensamente mientras yo me volvía ligeramente incómodo. No podría decir exactamente por qué me estaba alterando, pero algo era incorrecto en la situación. Estaba tomando la proporción de una tarea más que la de un juego, y estaba empezando a interferir con mi disfrute.

No dije nada. El resto de la comida siguió sin sobresaltos y ambos lo pasamos bien. Tras el postre y el café, ella pidió la cuenta, pagando de manera ostentosa la cena, dejó una propina, y salió del local conmigo mientras yo la seguía detrás sintiéndome como un borrego. Una vez fuera, paseamos por la calle.

—Vamos a ver escaparates. Hay unas tiendas muy chulas por aquí.

Accedí. Fuimos de escaparate en escaparate, parándonos donde a ella le apetecía mirar algo. Andaba, se paraba, andaba, se paraba, y mientras yo la iba siguiendo. En un momento dado yo quise curiosear algo, y tras darme alguna indicación de su deseo de continuar, la cual yo ignoraba, ella tiró de mí con algo de energía. Me resistía y aguanté. Me dirigió una mirada de desaprobación y se fue al siguiente escaparate.

Confuso, me quedé en el sitio por unos segundos y me volví a reunir con ella unos metros más adelante. Se hacía claro que la tensión entre nosotros se iba acumulando. Llegamos a una esquina. Cuando yo estaba a punto de cruzar, ella se paró en un kiosco y se puso a curiosear los titulares. Tenía ya un pie fuera de la acera cuando me di cuenta de que ella no seguía el mismo camino. De hecho, y tras terminar de mirar los periódicos, decidió cruzar la otra calle y me indicaba claramente con su postura hacia dónde tenía intención de ir. Subí otra vez a la acera y me uní a ella.

En este punto yo estaba ya definitivamente irritado. Calladamente estaba considerando si debería mostrar mi irritación, pero se me hizo claro que realmente no había nada de lo que quejarse. Simplemente necesitaba decir:

—Quiero cruzar por aquí, en vez de por allí. Vamos a cruzar por este lado.

Lo dije, y ella me respondió:

—Bueno, vale. ¿Qué más da?

—Me da igual. Pero quiero ir por aquí.

—Vale. No hay problema.

Y desde ese instante nos dirigimos al coche, conmigo guiando.

Mientras nos sentábamos dentro, hubo un incómodo silencio entre nosotros. Me sentía culpable por haberme enfadado y haber hecho una escena de una simpleza. Ella estaba callada y abstraída. Tras un momento, ella inició un nuevo tema de conversación. Roto el hielo, charlamos animadamente. Mientras conducía me tocaba con su mano derecha, me acariciaba el pelo, me tiraba del bigote, rozaba mi muslo, y se mostraba amable y cariñosa. Yo aún estaba pendiente de mi ansiedad y enfado, y no me sentía muy receptivo. En cualquier caso apreciaba sus gestos de cariño.

—¿A tu casa o a la mía? —preguntó.

—Vamos a la mía. —respondí.

—De acuerdo, pero estaba pensando... Tengo un disco nuevo buenísimo que quiero que oigas. Vamos a mi casa. ¿Te parece bien?

Yo acepté.

Hasta aquí probablemente te habrás hecho una idea de cómo me afectó este cambio de papeles. No sólo fue algo sorprendente el experimentar en cuántas maneras el rol masculino dominó mi espacio y desarboló mis opciones, sino que también lo fue la complejidad de las emociones que sentí.

Al llegar a su casa definitivamente ya estaba de mal humor. Incansable, ella continuaba con el cambio de papeles. Se puso sexualmente agresiva, lo que aumentó mi confusión. Para abreviar la historia; por primera vez en mi relación con ella, experimenté una pérdida de apetito sexual, y cuando intenté obviar esto, para mi sorpresa y humillación fui incapaz de sostener la necesaria erección.

Espero que este ejemplo detallado consiga lo siguiente: para la persona que habitualmente está en una posición pasiva (cosa que a menudo sucede a las mujeres), este ejemplo puede explicar algunos de los sentimientos que se experimentan cuando pasas el tiempo con alguien que emplea el lenguaje corporal de manera controladora y decidida. Puede ayudar a explicar la incómoda y confusa irritación que crece muy ligeramente de una serie de pequeños y casi insignificantes juegos de poder. Cada pequeña sumisión parece no merecer la pena ser resaltada, pero a medida que se acumulan, el resultado es que terminas sintiéndote enfadado, frustrado, abatido y sin fuerzas, sin saber realmente porqué.

Para la persona que habitualmente tiene el control de la situación, le puede dar alguna idea de cómo su comportamiento afecta a los demás. Realmente no es probable que entiendas cómo sienta estar contigo a menos que te pongas en los zapatos del otro, a menos que alguien consiga controlarte sistemáticamente de una manera similar. El cambio voluntario de papeles de este método experimental te dará una muy buena noción inicial de a qué se parece el estar en compañía de una persona que se reviste de control en cada movimiento que tiene hacia ti.

En este ejemplo, el comportamiento controlador de Hogie fue sobre todo consumado mediante el lenguaje corporal. Cuando canjeamos los papeles, su comportamiento físico cambió del habitual. Se cruzaba en mi dirección o se me venía encima, me tocaba, me sostenía, empujaba o tiraba de mí, e invadía mi espacio de una forma que literalmente nunca antes había experimentado en mi vida adulta. Dado que su invasión de mi espacio era cariñosa (esto es, era básicamente afectiva y cuidadosa) eso me confundía aún más. Había experimentado esa clase de empuje menos cuidadoso de los hombres agresivos y dominantes, quienes sin tocarme invadían mi espacio con su voz, sus gestos y su energía. En esos casos, no obstante, mi sentimiento era de un claro resentimiento y rechazo, pero con Hogie, su intrusión era supuestamente cariñosa así que ¿por qué estaba molesto?

La respuesta a esa cuestión requiere que seamos capaces de separar los diferentes comportamientos en nuestra consciencia.

El control es una forma de comportamiento. El amor es otra. Quería ser amado por Hogie, pero no quería ser controlado. Su acción mezclaba ambos tipos de transacciones, y mi reacción fue asimismo mezclada. A veces hay un claro placer momentáneo en ser controlado; cuando alguien está al cargo podemos olvidar nuestras responsabilidades.

Se dice que las mujeres disfrutan siendo controladas por un hombre enérgico, que piensa que las mujeres se comportan adecuadamente cuando intentan agradarlo. Pero incluso si inicialmente una mujer responde positivamente al control masculino, es probable que con el tiempo pierda su gusto por el tipo de vida «Yo Tarzán, tú Jane». Esto puede llevar años, pero ocurrirá; a la gente no le gusta ser controlada mucho tiempo, incluso aunque lo soporten al principio.

EL CONTROL DEL ESPACIO PERSONAL.

Es útil darse cuenta de que nuestro cuerpo no termina en la superficie de la piel. Nuestra piel es la frontera externa de nuestro cuerpo sólo en términos de lo visible para el ojo humano. Pero nuestro cuerpo se extiende más allá de nuestra piel al menos unos centímetros, y algunos dirán que incluso por un espacio mucho mayor. Para ilustrarlo, déjame sugerir un experimento con un par de imanes baratos, una lima y un clip. Pon un imán en la mesa. Para el ojo, éste no se extiende más allá del trozo de metal que puedas ver. Llamemos a lo que ves como el cuerpo visible del imán. No obstante, un imán tiene un campo magnético invisible, pero muy real. Este campo magnético se puede hacer visible con algunas virutas metálicas hechas raspando el clip con la lima. Pon una hoja encima del imán y espolvorea las limaduras sobre el papel. Verás las virutas organizarse ellas solas en un orden. Ahora que esta evidencia ha hecho visible el campo magnético del imán, quita el papel y mira otra vez el imán. Además del trozo de hierro que ves, hay un campo de fuerza muy real, aunque invisible, que lo rodea. Puedes realmente ser capaz de visualizar ese campo y «verlo» cada vez que veas otro imán en el futuro. Estarás viendo el cuerpo magnético del imán. El cuerpo visible pertenece a un nivel de energía: las ondas de luz. El cuerpo magnético pertenece a otro nivel: las ondas electromagnéticas. Ambas son reales y ambas afectan a lo que ocurra con el imán.

Sostén un imán entre el índice y el pulgar de una mano, y toma el otro entre el índice y el pulgar de la otra mano. Ahora visualiza los campos de los dos imanes a medida que los aproximas suavemente uno al otro. Si prestas atención a las fuerzas, experimentarás cómo los dos imanes interactúan entre sí. Puede sentir cómo al aproximarlos hay una fuerza que los atrae o puedes sentir una fuerza que los repele, dependiendo de cómo los estés sosteniendo.

Uso este ejemplo para ilustrar algo que ocurre entre las personas de manera similar. Toda persona tiene un campo de energía que rodea su cuerpo visible y que se extiende más allá de éste y a todo su alrededor. Cuando alguien se te acerca, su energía se entrecruza con la tuya. Si estás pendiente de ese nivel de energía lo puedes realmente experimentar. A medio metro puedes empezar a sentir una presencia concreta. A un metro, la experiencia probablemente estará más difuminada. A un palmo la presencia será inequívoca. Y a medida que la persona se aproxime aún más, tu experimento se puede volver extraordinariamente intenso, especialmente si en principio ésta te repele o te atrae fuertemente.

En nuestras relaciones íntimas pasamos muchísimo tiempo cada uno en el espacio del otro, en ese límite de medio metro. Cómo usemos nuestra energía en ese espacio el uno con el otro es un hecho muy importante en nuestra vida diaria.

¿Has tenido alguna vez la experiencia de alguien que te habla y que se sitúa incómodamente cerca? Esto sucede a veces con alguien de otra cultura, cuyas convenciones sociales sobre el espacio interpersonal difieren de las nuestras. Pero algunas personas están simplemente acostumbradas a abrumar físicamente a otros. Si te pones incómodo, probablemente esa persona haya traspasado tu espacio personal. ¿Alguna vez te has ido de camping y, buscando privacidad, encuentras un sitio en el que tumbarte que está lo confortablemente lejos de cualquier otro en el campamento? ¿Y entonces llega un tercero que viene a tumbarse entre el resto de la gente y tú, provocando que te sientas invadido? Una vez más, es un ejemplo de cómo nos figuramos un área determinada alrededor de nuestro cuerpo que nos gustaría mantener en privado y libre de intrusiones.

Las sutilezas relativas al espacio personal tienen que ver con el aura de energía que nos acompaña, y el lenguaje corporal es una forma mediante la cual las personas nos relacionamos, mediante ese invisible pero muy real campo de energía que nos rodea a cada uno de nosotros. La mayoría preferimos mantener una cierta distancia con el resto de personas. Si nos sentimos atraídos por alguien, abrimos nuestro espacio personal e incluimos a esa persona en él. Si alguien al que no estamos dispuestos a aceptar en nuestro espacio lo invade o lo empuja nos sentimos extremadamente incómodos.

Otro tipo de problemas relativos al espacio personal son moneda común entre parejas íntimas. Dos personas, sin importar lo compatible que puedan y de hecho sean, tienen diferentes zonas de bienestar en sus espacios personales. Normalmente una quiere estar más próxima de lo que la otra preferiría. En casos así se confirma todo lo que hemos hablado sobre el control. Si ocurre que la persona que quiere más cercanía es dominante, entonces la persona sumisa se verá forzada a aceptar más proximidad de la que él o ella quisiera y ocasionalmente se puede sentir agobiada, forzada, víctima de un juego de poder territorial, e incluso amarrada. De modo opuesto, si la persona dominante quiere más espacio, entonces el compañero sometido se sentirá privado y hambriento de contacto, y una vez más involucrado en juegos de poder y aun falto de lo que necesita, una situación que puede llevar a la depresión.

Por desgracia, en las parejas heterosexuales el dominante suele ser el hombre y la persona agobiada o deprimida la mujer (por supuesto que hay excepciones en las que lo opuesto es cierto). Si eres un hombre que intenta aprender a abandonar el control sobre las mujeres, o un adulto que intenta tratar a los niños como iguales, esta discusión te habrá dado una comprensión de la forma en que tu lenguaje corporal es una manifestación de tu campo de energía físico aunque invisible, y cómo este campo de energía puede resultar invasivo para otras personas. Si eres del tipo controlador necesitas hacerte responsable de toda tu energía física en tanto se extienda a tu alrededor, y por tanto reconocer el efecto que tiene en otros.

Puedes descubrir al hacerlo que, efectivamente, te has comportado como un elefante en una cacharrería, empujando a tu alrededor, interrumpiendo el espacio de otras personas, golpeando todo, y en general creando perturbaciones en tu paso por la vida, siendo completamente inconsciente de ello. Puedes leer un gran ensayo al respecto en el libro de Nancy Henley *Body politics*.

Si eres sumiso necesitas darte cuenta de que tu espacio está siendo invadido y que algo se debería hacer al respecto. Claro que es más fácil decirlo que hacerlo si eres alguien sumiso, pero nada carente de firmeza resolverá tu problema. Al final, dos personas en esa situación necesitan explorar de forma cooperativa sus requerimientos de espacio interpersonal y acordar una distancia apropiada que satisfaga a ambos por igual.

He aquí otras cuestiones a tener en cuenta: si eres grande, tu evidente presencia física puede resultar intimidante. Necesitas evaluar minuciosamente lo cerca que te puedes aproximar a alguien, cuán rápido te puedes mover, y qué necesita tu comportamiento físico para resultar correcto y no molesto. Si estás en un tamaño medio, pero tienes tendencia a moverte de forma rápida, tendrás un problema similar, no tanto en relación con el tamaño y extensión de tu campo energético, sino por su intensidad. Tu voz es un aspecto importante de la energía física de tu aura que se proyecta delante de ti. ¿Tu voz es fuerte y poderosa? Si es así deberías estar al tanto de cómo repercute en los demás, cuándo la puedes usar a tope y cuándo necesitas matizarla. Los hombres, especialmente, son capaces de aterrorizar a los niños y a las mujeres con sus voces.

Si tienes por costumbre tocar a otros necesitas ser especialmente cuidadoso, sobre todo con los menores, ya que tocar es sin duda una intromisión en el espacio de cualquiera. La mayoría disfruta al ser tocado, pero qué tipo de roce, con qué frecuencia, y dónde, son cuestiones importantes que te has de preguntar para evitar ser impertinente. Si estás interesado en más sutilezas, puedes analizar la clase de ropa que vistes y cómo afectas a otros con tus colores. Los colores intensos como el blanco, el amarillo y el rojo afectarán a la gente de manera diferente que el azul, el verde y el marrón.

Las personas que habitualmente son controladas pueden usar esta información como una sugerencia sobre cómo pueden obtener algo de poder con su voz, sus toques, ropas y movimientos para expandir su área de influencia en el mundo para obtener un pedazo de espacio algo mejor.

COMPORTAMIENTO CONVERSACIONAL

Otra forma mediante la cual unas personas controlan a otras es mediante su comportamiento conversacional. Presumiblemente, el propósito real de cualquier conversación es el intercambio de puntos de vista. Podemos discrepar, estar de acuerdo, o buscar dicho acuerdo. Pero muy a menudo en absoluto es ese el fin de esas conversaciones, y son de hecho intentos por controlar a otros con las palabras.

Bajo esas circunstancias, si tengo un punto de vista, y veo que difiere del tuyo, haré todo lo que pueda para cambiar el tuyo y que sea como el mío, mientras presumiblemente tú harás lo mismo, por lo que nuestra conversación pasa de ser un intercambio de ideas a ser un campo de batalla para controlar el pensamiento. Por desgracia, las conversaciones entre personas son a menudo una pelea por el control más que un intercambio cooperativo de ideas.

La interrupción es el juego de poder básico en una conversación. Interrumpimos cuando a) pensamos que sabemos lo que la otra persona va a decir, o b) no nos gusta lo que la otra persona está diciendo, o c) no podemos esperar para exponer nuestro punto de vista. La gente que interrumpe al resto se siente a menudo expeditiva y que simplifica la conversación. Por otro lado, la gente que toma por hábito el ser interrumpida se siente bastante diferente al respecto. Aquí va un relato aclaratorio, de un amigo mío, sobre el efecto de una interrupción:

A veces, cuando me interrumpen en medio de una frase, me siento como un pájaro al que han disparado cuando empezaba a alzar el vuelo. Literalmente siento cómo caigo contra el suelo con un golpe seco, de cabeza y viendo las estrellas. Mis sentimientos son una combinación de ira y desesperación. Siento que quiero llorar, y que quiero agarrar por el cuello al que me ha cortado y golpearlo hasta que se calle. Quiero dejarlo. Tengo que aguantar las lágrimas. Siento que me han sorbido la energía. El trabajo de retomar el hilo de mis pensamientos y volver a lo que intentaba decir parece absolutamente desesperado. Para entonces, lo habitual es que me haya olvidado de lo que estaba hablando y que me despreocupe.

Lo opuesto a interrumpir es, por supuesto, escuchar. La escucha es un arte delicado y difícil. Una escucha verdadera implica un intento por entender no sólo las palabras expresadas, sino también cómo esa persona está experimentando la situación. No necesariamente hay que estar de acuerdo con lo que dice, sino llegar a estar completamente pendiente de cómo esa persona ve el asunto sobre el que esté hablando. Es posible entonces responder de manera que no sea un intento por controlar, sino más bien añadir nuestro punto de vista a la conversación.

Muy a menudo las mujeres experimentan las cosas de manera diferente a los hombres. Las mismas diferencias se dan entre adultos y niños, blancos y negros o pobres y ricos, y esto es el resultado natural de la extraordinaria variedad en que estos grupos han experimentado el mundo. A menudo las experiencias de las mujeres (o las de los niños para los adultos, las de la gente de color para los blancos, las de los ancianos para los jóvenes) son rebajadas porque son consideradas incompletas, parciales, emocionales, irrelevantes, y/o irreverentes. O sus puntos de vista son considerados «chulos», excitantes o aniñados. Las panorámicas que no encajan en la corriente general de pensamiento raramente son vistas como válidas y que merezcan la pena de ser adoptadas por la gente «razonable».

Cuando alguien discrepa en una conversación, lo primero que se debería asumir es que hay algo sobre lo dicho que no ha sido entendido. Por ejemplo, el Sr. y la Sra. Sánchez están discutiendo sobre cuál es el mejor sitio para sus largamente ansiadas vacaciones. La Sra. Sánchez quiere ir a la montaña. El Sr. Sánchez yerra al comprender por qué la Sra. Sánchez piensa que la montaña es más sana, más barata y más divertida. No se para a intentar entender por qué ella lo ve así. Simplemente discrepa e intenta imponer sus puntos de vista sobre los de ella. Él quiere ir a la playa.

Debería comenzar por asumir que su opinión tiene mérito y necesita que se tome en serio. Si nada de lo que diga una mujer (si eres un hombre) o un niño (si eres un adulto) o alguien de color (si eres blanco) tiene ningún valor para ti, puedes tener claro que estás forzando tu perspectiva sobre ellos y sentando de antemano que, sobre la base más puramente sexista o racista, tú tienes la razón y ellos no.

Otra forma mediante la cual es posible dominar a otro durante una conversación consiste en sobreasentir. El oyente afirma con su cabeza arriba y abajo y hace variados sonidos de afirmación, todo ello con el propósito de decir en efecto, «Lo que estás diciendo es absolutamente cierto, de hecho es perfectamente obvio, y ya lo sabía de antes, por lo que te lo puedes saltar. Ahora, aquí va cómo lo veo yo».

Un área en la que tuve la oportunidad de abandonar el control fue la del comportamiento conversacional. Había tenido la experiencia reiterada de convertirme en el centro de la conversación, con todo el mundo mirándome y aparentemente interesado en lo que estaba diciendo. En aquellos instantes asumía que estaba siendo agasajado por otros. Por otra parte, ¿por qué esa atención cautivada? Personalmente, me sentía incómodo por la dirección única del diálogo, y al mismo tiempo me sentía halagado. En cualquier caso sentía que no podía dejar de hablar ni siquiera cuando me apetecía. Cada vez que intentaba dejar de hablar alguien me hacía una pregunta o disentía conmigo, y nuevamente me lanzaba y volvía a la carga.

Una vez me quedé callado y silencioso escuchando a otro colega que había tomado el hilo de la conversación. León me parecía pomposo, autosatisfecho y, francamente, insufrible. Cuanto más hablaba, más incómodo y hastiado me sentía. Lo escuché fascinado, callado e infeliz. Repentinamente me di cuenta de que este suceso me era familiar, conmigo en el papel de León. Él prácticamente se veía forzado a usar un modo de control debido a nuestra pasividad.

Me di cuenta de que si abandonaba el comportamiento de control, probablemente descubriría oportunidades de ejercitar otras formas de poder. Dado que he abandonado el control en las conversaciones, estoy en una posición que me permite experimentar un juego completo de nuevas posibilidades. He tenido la oportunidad de escuchar, empatizar, aprender una comunicación no controladora, hacer ocasionalmente comentarios bien pensados y evitar las conversaciones unidireccionales y aburridas, haciéndolas más interesantes al implicar en ellas a todo el mundo, y no sólo a la gente verbalmente habilidosa.

ABANDONAR EL CONTROL SOBRE LOS NIÑOS

El área en la que abandonar el control parece más radical y arriesgada, y al mismo tiempo más deseable, es con los niños. Mis hijos crecieron en una situación casi comunal, en la que dado que una de las vigas maestras de la comunidad era que no se permitían juegos de poder entre los adultos, también los niños se veían ampliamente exentos de ser manipulados a hacer cosas que de otra manera no hubieran hecho. Nunca se hizo un intento para forzarlos a comer, ir a dormir, o para enseñarlos a ir al cuarto de baño. Como todo el mundo era consciente de los juegos de poder y si se empleaban con los niños, había un amplio repertorio de puntos de vista sobre la materia. Teóricamente, mandar a un niño, arrastrarlo literalmente, motivarlo, golpearlo o castigarlo de alguna manera, son formas de juegos de poder. Por ejemplo, Bruce Carroll, uno de los habitantes del rancho, que había criado satisfactoriamente un buen número de niños hasta la edad adulta, creía que en ningún caso se deberían usar juegos de poder sobre ellos.

Los niños harán lo más apropiado para ellos si se les da la libertad de elegir y las circunstancias en las que puedan hacerlo sin presión ni estrés. Los juegos de poder no son necesarios para provocar o ayudar a que los niños hagan lo que es bueno para ellos: como norma, y con el tiempo, lo harán por ellos mismos a su propio ritmo.

Tomemos por ejemplo a María, una niña de ocho años que se quiere quedar hasta tarde viendo la tele en un día laborable. Los padres saben que un niño necesita unas diez horas de sueño para ser capaz de funcionar adecuadamente, y la mayoría de los padres se muestran propensos a fijar una hora a la que enviar los niños a la cama, e insisten en que se cumpla. Supongamos ahora que María, que se tiene que levantar a las siete de la mañana, se quiere quedar más allá de las nueve de la noche. ¿Cuáles son las opciones de sus padres en este caso? ¿Deberían forzar la hora de acostarse insistentemente y usar juegos de poder como mandarla, gritarla, apagar la televisión y pegarla, o puede que incluso desvestir a la niña y meterla a la fuerza en la cama si hace falta? Los padres en esta situación irán en contra de la fe en la naturaleza humana. Si aceptamos que María es un ser humano inteligente capaz de tomar decisiones válidas en los asuntos que le conciernen, me gustaría que ella ejercitase esta capacidad y confiaría en que elegirá bien. Mi opinión es que María debería tener el derecho de quedarse tan tarde como quisiera, dormir todo lo poco que deseara, y estar muy cansada todo el día siguiente si ella así lo elige.

Puedes preguntar, «¿Qué pasa si al día siguiente se queda dormida y pierde el autobús, y por lo tanto alguien la tiene que llevar al colegio o incluso quedarse todo el día en casa?». La autosuficiencia de María la noche anterior puede terminar resultando un gran problema para sus padres la mañana siguiente.

Vale. Supón que María se quedó hasta tarde y no se despertó. Ahora, nuevamente se quiere quedar hasta tarde otra vez. Sus padres lo notan y le dicen que se vaya a la cama.

—María, me gustaría que te fueras a la cama. Son las nueve pasadas.

—Es que quiero ver este programa, y termina a las once.

—No creo que sea una buena idea María, ya que la última vez que te quedaste tarde, luego no te despertaste y tuve que llevarte al colegio.

—No me quedaré dormida esta vez. Pondré el despertador.

La madre podría ahora hacerle un juego de poder a María y obligarla a irse a la cama, o podría negociar razonablemente y de manera cooperativa acorde a la situación.

—Bueno, María, aún pienso que no es una buena idea. Creo que vas a tener problemas cuando tengas que levantarte. Pero creo que deberías hacer lo que creas que es mejor para ti. No obstante, no voy a intentar despertarte mañana, ni llevarte a la escuela; y si te quedas dormida quiero que estés de acuerdo en acostarte mañana a las 8:30. Y si se te pasa la hora de la escuela mañana otra vez, me voy a enfadar mucho. ¿De acuerdo?

—Vale mami. ¿Me ayudarás mañana a prepararme para salir si estoy muy adormilada?

—Bueno. Disfruta tu programa. ¡Te quiero!

Lo más probable será que María se levantará e irá al colegio a su hora. Si no es así, es probable que acepte quejosamente acostarse temprano a la noche siguiente antes que estar adormilada por la mañana. Eso es lo que la mayoría de los adultos hacen, así que ¿por qué no confiar y darle la oportunidad de aprender como nosotros lo hicimos? He observado que el principal efecto de esta táctica es que nuestros hijos aprenden las mismas cosas que nosotros aprendimos, en casi la mitad de tiempo. Me llevó veinticinco años desarrollar los hábitos de estudio adecuados que mis hijos tenían a los doce, y treinta años aprender las habilidades sociales que ellos tenían a los dieciocho. Ahora que ellos están en la veintena y la treintena estoy convencido de que tenía razón en mi enfoque. Con certeza son unos ciudadanos ejemplares.

Este ejemplo muestra cómo es posible permitir a María que elija lo que quiera hacer, para permitirle experimentar las consecuencias de su decisión, sin, al mismo tiempo, permitirle interferir en el bienestar de otras personas. Cuando se le da esta clase de libertad en la mayoría de las situaciones, comenzando tan pronto como ella sea capaz de tomar decisiones de este tipo, crecerá acostumbrada a tomar decisiones basadas en su propio criterio. Su criterio, tarde o temprano, incluirá sus responsabilidades hacia otros y sus sentimientos. Los niños obedientes y que siguen órdenes se llegan a acostumbrar a hacer las cosas tal y como se las digan sin entender el porqué. Se espera que los niños criados bajo este programa de control misteriosamente, una vez que se emancipan, sean repentinamente capaces de tomar decisiones y elegir por sí mismos. El hecho es que a la mayoría de los niños que se están criando no se les da oportunidad de elegir, no se les da la oportunidad de experimentar las consecuencias de sus decisiones, y no se les da la oportunidad de tomar decisiones cooperativas que respeten las necesidades y sentimientos de otros.

Pero supongamos ahora que la razón por la cual María se queda hasta tarde tiene que ver con el hecho de que lo que ella realmente quiere es no ir a la escuela y que preferiría quedarse viendo la televisión antes que prepararse para ir al colegio al día siguiente. Incluso secretamente puede esperar que si se queda hasta tarde a la mañana siguiente se quedará dormida y no tendrá que ir a la escuela. ¿Qué hacen los padres, ya que en este punto María podría no sólo estar encantada de perder el autobús, e incluso de que no la lleven en coche al colegio? Esta es una situación más complicada. ¿Qué pueden hacer los padres con el hecho de que a algunos niños no les guste ir al colegio y que harán lo que puedan para evitarlo? Déjame que te responda con otra pregunta. ¿Qué te resulta más interesante: la libertad o que estén presentes en el colegio? ¿Quieres criar niños que hagan cosas que no disfrutan y que probablemente no serán buenas para ellos? Si un niño no disfruta en la escuela, probablemente la escuela no sea un buen lugar para el niño. La fe en nuestros hijos demanda que asumamos que se interesarán por aprender cuando aprender sea interesante, que los niños quieren ir a la escuela cuando la escuela sea un buen lugar para ellos. Esto nos lleva a razonar que si la escuela es aburrida, estricta, autoritaria, invadida de maestros incompetentes o crueles, un lugar competitivo lleno de conflictos sociales y raciales, llena de juegos de poder y que castiga la espontaneidad, la conciencia propia y la intimidad, puede que los niños quieran estar lejos de allí. Pero la ley dice que los niños tienen que ir a la escuela, por tanto, ¿qué pueden hacer los padres?

Está claro que ahora los problemas crecen. Los padres que quieren criar a sus hijos para que sean independientes y poderosos pueden hacer algo más que evitar los juegos de poder en casa. Obligar a un niño a ir a una mala escuela no les llevará a la autonomía, sin importar cuán cooperativa sea la situación en casa. En consecuencia, los padres puede que tengan que elegir entre no enviar los hijos al colegio (lo que significa enviarlos a un colegio mejor que puede que no sean capaces de afrontar, o mantenerlos alejados de la escuela y escolarizarlos en casa), o demandar a la escuela, organizando y convirtiéndose en un activista social en beneficio de sus hijos para que la escuela se vuelva un lugar mejor al que los niños quieran ir.

Cuando los padres tienen que trabajar en exceso fuera de casa o no tienen medios para dotar a sus hijos de un entorno razonable, cuando las familias viven en núcleos aislados y agresivos, cada uno pendiente de lo suyo, cada uno en una pelea desesperada por comer, dormir y permanecer vivo en el día a día, existen muy pocas oportunidades de crear las condiciones para la cooperación.

Pero imaginemos ahora un hogar con un nivel aceptable de comodidades. Los padres no están sobreexplotados ni mal pagados. Los colegios están bien. Hay suficientes habitaciones, comida y vestimentas, por lo que se le pueda dar una oportunidad a la cooperación y a la educación para la autonomía.

En una situación como ésa los padres pueden trabajar de manera cooperativa con sus hijos. Los niños se pueden criar razonablemente libres de juegos de poder.

En general, los hijos se conformarán con los deseos de sus padres. Lo harán porque los quieren más que por un deseo de cooperar, o por evitar un castigo u obtener algún premio. No siempre harán lo que sus padres desearían y, a veces, harán lo que ellos quieran, a pesar de sus padres, cosa que será aceptada y comprendida por sus progenitores como un precio razonable en la confianza de que estos niños crecerán autónomos y autosuficientes, en vez de dependientes, pasivos e impotentes.

En cualquier caso, una cosa está muy clara. En una situación de este tipo, bajo ningún concepto los niños harán nada que ellos experimenten como doloroso, odioso, o que no les aporte nada. Bajo estas circunstancias, rechazarán ir al colegio, rehusarán seguir reglas opresivas, pedirán ser escuchados cuando hablen, pedirán lo que quieran el cien por cien de las veces, y exigirán que sus deseos se consideren en condiciones de igualdad con los de los adultos de la casa. Como puede sonar difícil, recordad que los padres de niños así obtienen sus recompensas. Sobre todo, vivirán con seres humanos completamente participativos. Verán los resultados de todo esto en la manera en que sus hijos usarán sus capacidades en la máxima expresión a la vez que muestran su deseo innato de colaborar. Cuando estos niños crezcan serán verdaderamente autosuficientes y autónomos, y es más que probable que tengan valía por ellos mismos y que hagan buen uso de ella; no tolerarán la injusticia, la opresión, las mentiras y la explotación. Finalmente, los padres que elijan este enfoque educacional sabrán que sus hijos están conformando sus propios destinos y siguiendo su naturaleza cooperativa, provistos como están de la libertad de elección y de las herramientas con las que elegir sabiamente.

Criar a los hijos de esta manera es un proyecto que no se puede realizar de manera aislada. Cuando todo en la sociedad se decide sobre la base de la competitividad y de los juegos de poder es muy difícil para un hogar en concreto de esa sociedad operar sobre bases completamente diferentes. Es por tanto importante que esas personas se reúnan en gran número, que se enseñen mutuamente el principio de la cooperación, que acudan a las reuniones de padres de alumnos y que presionen para cambiar las cosas, que si es necesario inicien escuelas alternativas para sus hijos y se apoyen unos a los otros en su pelea por conseguir una vida libre de control.

Lo que aquí escribo está fundamentado en mis experiencias con mis tres hijos: Mimi, Eric y Denali, que actualmente tienen cuarenta y cuatro, cuarenta y uno y veintiocho años respectivamente. Durante muchos años, y hasta la fecha, he seguido las líneas esbozadas anteriormente con un éxito extraordinario, como cualquiera que los conozca podrá atestiguar.

Naturalmente, la posición teórica de que los juegos de poder nunca se deberían usar con los niños tiene sus excepciones. Por ejemplo, si un bebé muerde el pezón de su madre ella casi no tiene otra alternativa que hacer en respuesta un juego de poder al niño a menos que quiera dejar de criarlo ya. Una respuesta razonable podría ser gritar en alto; esto asustará al niño y provocará que no muerda. Gritar es un juego de poder, pero también es una manifestación de los sentimientos de la madre. Cuando se hace con la intención de que el niño pare de morder el pezón es un juego de poder, pero es uno que sería complicado rebatir. Los niños están expuestos a situaciones peligrosas, ya sea en forma de estufas calientes, de enchufes, o de calles atestadas. Hay algunas cosas en el mundo de los niños de las que necesitan estar alejados, sin «sis», «peros» ni «quizases». Una vez más, asustar a los niños cuando se acercan a esas situaciones peligrosas podría ser la mejor aproximación, y eso es un juego de poder; esto sólo prueba que toda regla tiene su excepción. Pero en las cuestiones del día a día tales como dónde o cuándo duermen, dónde o cuándo comen, y cuando ya se hacen mayores cuándo y dónde, y hasta qué hora y con quién se juntan —sin límites—, se deberían evitar los juegos de poder y sustituirlos por la expresión de nuestras opiniones, deseos y sentimientos.

Se requiere más tiempo para relacionarse con un niño sin acudir a los juegos de poder, pero creo que a la larga los niños a los que no se les ha sometido a juegos de poder requieren hacer menos esfuerzos, menos trabajo y dependen de sus padres por un período inferior, se hacen autosuficientes, cariñosos, dan apoyo y ayuda, incluso contribuyendo con su propia fuerza a la familia. Mientras que a cualquier situación se le puede dar un trato más expeditivo con juegos de poder, yo creo que pagamos un precio muy alto cada vez que violamos los derechos de un niño y lo controlamos. No hay recompensa mayor para un padre que el amor de los propios hijos y no hay mejor vía para garantizar que nuestros hijos nos querrán que permitirles la libertad de elección a la vez que les damos nuestros mejores consejos, cuidados y la expresión sincera de nuestros deseos y sentimientos.

17. CUANDO LOS HOMBRES RENUNCIAN AL CONTROL

EL CONTROL SEXISTA

El sexismo es el sistema de dominación de los hombres sobre las mujeres. Está profundamente enraizado tanto en las mujeres como en los hombres, quienes tras un adoctrinamiento sistemático en las escuelas, en los medios y por los padres, a menudo aceptan que el papel del hombre es el de controlar y dominar a la mujer. Renunciar al sexismo es una tarea secundaria para los hombres y las mujeres, dentro de un programa mayor de renuncia general al modo de control.

Es cierto; no siempre se da el caso de que sean los hombres quienes ostenten el control. A veces las mujeres están en la situación de poder como propietarias de negocios, herederas de sus maridos fallecidos o del poder de su padre, y como viudas y madres despóticas. Algunas mujeres tienen un gran poder; pero seamos honestos al respecto, son más la excepción que la regla. Cuando las mujeres tienen el poder del control, normalmente ha sido cedido, heredado o permitido por hombres. Lo cierto es que la parte del león del poder de control, de dominación, manipulación, destrucción, de dar y quitar, está en manos de los hombres.

La experiencia del control es una experiencia típicamente masculina, aunque a algunas mujeres se les ha permitido compartirlo de manera reciente. Reglas patriarcales, donde los hombres toman las decisiones, tienen el poder, y mantienen sus privilegios.

En los peldaños más bajos del poder, donde tanto hombres como mujeres no tienen prácticamente ninguno, las riendas de los hombres sobre las mujeres parece que se relajan un poco, y eso es porque éstos se ausentan, pierden interés, se inhabilitan, van a la cárcel, o se mueren. Entre los pobres, los muy ancianos, y la gente del Tercer Mundo, las mujeres tienen un papel y una situación aún más ardua que entre blancos de mediana edad, de clase media o ricos. Pero incluso donde el papel de la mujer es más fuerte y le permite un control considerable sobre asuntos significativos, como el criar a los hijos y las cuestiones domésticas, el hombre tiene la capacidad de usar su mayor fuerza física para imponer su última palabra. En ninguna otra parte se hace más evidente el hecho de la supremacía masculina que entre los campesinos pobres y la clase trabajadora, donde tanto hombres como mujeres tienen que pelear por la supervivencia diaria. Y cuando la jornada laboral ha terminado la mujer espera al hombre mientras cuida a los niños. Ella trabaja a jornada completa como lo hace el hombre, con otro día añadido al servicio de su familia.

Michael Korda, quien en mi opinión comprende a la perfección las cuestiones patriarcales, deja claro que los hombres tienen todo el poder del mundo salvo una minúscula porción y que «se hará todo el esfuerzo necesario para evitar que (las mujeres) tengan el poder real». Cualquiera que cuestione esta aseveración debería leer el capítulo relativo a las mujeres de su libro *El Poder*, en el que más allá de lo que se refiere al mundo de los negocios, demuestra fehacientemente ese asunto. Es cierto que el libro se escribió hace más de treinta años y que las mujeres han hecho progresos en esa área, pero el hecho es que el dominio masculino continúa imperturbable, y así seguirá por un tiempo.

Juegos de poder-competición-control-patriarcalismo: todos ellos están íntimamente ligados. Es por eso que, cuando hablo de renunciar al control, el chauvinismo masculino se vuelve un ejemplo práctico relevante con el que trabajar. La forma en que los hombres abruman a las mujeres —y la reacción de las mujeres a esto— es algo central en las vidas de muchos y fuente de dificultades diarias entre sexos. El proceso de renuncia al sexismo requiere tiempo, paciencia, y una dedicación plena por parte tanto de hombres como de mujeres.

A menudo las mujeres perciben su relación con un hombre que quiere abandonar su sexismo y convertirse en feminista practicante como una mezcla de diversión y trabajo duro. Un hombre que conozca a una mujer que está deseosa de caminar a su lado mientras él tropieza y cae en su lucha por renunciar al control (tras arrastrarla con él repetidamente durante el proceso) es ya de por sí afortunado. Una mujer así es un regalo de los Dioses, a la que se debería agradecer y apreciar generosa y frecuentemente.

Igualmente, un hombre con ganas de renunciar al control y de compartir con las mujeres sus poderosas habilidades también debería ser valorado. No es fácil combatir el sexismo, ni para las mujeres ni para los hombres: todos aquellos que lo hacen merecen alabanza y reconocimiento. Abandonar el sexismo implica para las mujeres aceptar poder, rechazar el continuar con las comodidades de ser atendidas por los hombres, y descartar la fantasía de estar al resguardo bajo el ala de un hombre. Conlleva plantearse el aprender ciertas habilidades que han estado bajo dominio masculino y «caminar sola», que puede no ser plato de gusto con cosas como entender de coches, cuidar de ella misma, o ser físicamente fuerte y ágil. Significa abandonar la imagen de la obediente-encantadora-madre-amadecasa a favor de otra más poderosa, independiente y autosuficiente. Esto puede asustar en un mundo inhóspito para las mujeres independientes, especialmente si son feministas, agresivas, poderosas y no precisamente atemorizadas por los hombres.

El rechazo del sexismo por las mujeres tiene un objetivo claro: emerger, ser fuertes. Los objetivos para los hombres no están tan claros ni son tan atractivos. ¿Por qué un hombre desearía abandonar el privilegio de ser un hombre? ¿Por qué debería desechar su ventaja por ser el que aporta el salario, por su fuerza superior, sus derechos maritales (a ser atendido, lavado y servido), su privilegio de tener la primera palabra y la última? En resumen, ¿Por qué debería rechazar su posición de dominio en sus relaciones? ¿Qué ganan los hombres? Déjame que te dé algunas razones:

¿Te gustaría —ahora hablo para los hombres— vivir, no trabajar tan duro, no sentirte tan agobiado por las responsabilidades de tu vida? Abandonar el control te ayudará a quererte y a cuidar de ti mismo. Te hará más consciente de tu salud y te enseñará a pedir y a aceptar ayuda para compartir tus problemas.

¿Te gustaría ser capaz de amar de manera más completa y estable? Renunciar al control te ayudará a entrar en contacto con tus sentimientos y te enseñará cómo ser alguien cariñoso. ¿Te gustaría ser capaz de pensar de manera más creativa y resolver los problemas más efectivamente? Abandonando el control aprenderás formas de pensamiento menos rígidas que las del estilo blanco-o-negro, o todo-o-nada. Te ayudará a traer a tu mente soluciones creativas.

¿Te gustaría tener mejores amistades y relaciones laborales, tanto con hombres como con mujeres? ¿Te gustaría divertirte más? Otra vez, la renuncia al control te ayudará. ¿Te gustaría contribuir para un mundo en el que no por más tiempo los hombres toman todas las decisiones fundamentales, y en el que las mujeres son capaces de influir en los acontecimientos y tener poder? Tu decisión personal de renunciar al poder sobre las mujeres —para abrazar el feminismo— te ayudará a conseguir esos fines.

Si queremos que los hombres influyentes dejen de controlar los recursos mundiales y las finanzas, los gobiernos, la ciencia, la salud y la espiritualidad, es necesario que nosotros, todos los que somos sus seguidores y sirvientes involuntarios, rechacemos ese sistema de control —el patriarcado— que domina nuestras vidas. Y en nuestras vidas particulares ese sistema se refleja como sexismo y jerarquías patriarcales, no solamente en práctica por los hombres sobre las mujeres, sino que parece que lo practicamos quienes, seamos hombres o mujeres, tenemos algún poder sobre alguien menos poderoso.

Mientras las mujeres se van haciendo más poderosas y los hombres van deseando tratarlas como iguales, los hombres no siempre hacen la transición al feminismo suavemente. A los hombres no se los entrena para tratar como iguales a las mujeres, y nuestra tendencia a controlar está profundamente arraigada en nosotros. Por eso, mientras intentamos rehusar el control activo a menudo simplemente cambiamos a un modo más pasivo, pero básicamente es aún un comportamiento de control. Al querer dejar el control, se cristalizan en su posición y rechazan la pelea. Ahora se sientan encima de su fuerza. Este proceso se asemeja bastante a sentarse y aguantar sobre un muelle, manteniéndolo apretado con grandes esfuerzos. El resultado obvio es que al final, cansados, lo hemos de liberar, y el muelle recuperará toda su extensión. En la vida real, el hombre que cae en este tipo de rechazo estratégico de poder se convierte en una bomba de relojería. Las mujeres que se relacionen con hombres que están en esta fase se ven inicialmente atraídas por su deseo aparente de ser no-controladores, pero posteriormente observan que estas necesidades de control de los hombres afloran gradualmente como sutiles (o a veces incluso burdos) juegos de poder.

Una mujer claramente amargada me ofreció esta situación:

> En estos tiempos hay un montón de tíos pululando que son auténticos colegas enrollados hasta el punto que hablan como feministas. Pero arrímate a ellos y, más pronto o más tarde, de alguna manera se delatarán; controlando, tirando y empujando fuerte. Es una misteriosa y a la vez evidente tendencia que no se puede negar. Prefiero encontrarme con un «macho». Por lo menos se sabe lo que quiere y con qué estoy tratando.

Ser un hombre en estas circunstancias es como estar bajo la influencia de un señuelo irresistible. Nos vemos a nosotros mismos respondiendo automáticamente en situaciones que activan nuestro «botón de control» y echan a perder una situación tras otra. Si estás en esta fase de desarrollo ¡cálmate! Si la aguantas pasará, y serás capaz de anticiparte e incluso abandonar esas reacciones automáticas y retadoras. Es parte del proceso de cambio. Pero no te detengas en un punto en el que te parezca que eres lo bastante bueno como para que «cueles» como alguien respetuoso, considerado y cooperante. Eso solamente pasaría como una mejora de tu antiguo «yo».

Rechazar el control no significa abandonarlo completamente. Significa establecer un delicado equilibrio de igualdad que requiere la implicación de todos; aquellos que usualmente están por debajo tienen que trabajar tan duro como los que habitualmente están por encima, perseverando y con una vigilancia continua, necesaria para mantener amarrado el deseo de controlar o de ser controlado.

SEXUALIDAD

Una de las áreas en la que el control se hace evidente es en las relaciones sexuales entre hombres y mujeres. Todos sabemos que las grandes finanzas, el gobierno, el ejército, la prensa y todas las instituciones principales de este país están bajo dominio masculino, pero no acertamos a reconocer ese dominio en las relaciones sexuales. El dominio de los hombres está en todas las esferas de nuestra vida, y de manera tan amplia que habitualmente no se hace obvia. Y en ningún sitio está tan oculta como en la sexualidad, al punto de parecer que son las mujeres las que tienen el Control.

Dicha ilusión se ve fomentada por el hecho de que la práctica totalidad de los hombres están más ansiosos por tener relaciones sexuales que las mujeres. Probablemente, habrá veces en las que las mujeres evitarán tener sexo con los hombres ya que esa es una forma efectiva de controlarlos. Una mujer puede sentir que controlar la decisión de tener un intercambio sexual es su único poder, y así puede usarlo. Algunos hombres se imaginan que esa es la razón principal por la que las mujeres rechazan el sexo. Un hombre que sostenga este punto de vista tiene pocas probabilidades, si es que tiene alguna, de resultar atractivo. Ignora el resto de razones de su rechazo (embarazos, infecciones, amantes ineptos), y maneja la situación como si fuera una competición de voluntades. Para entonces, ella se sentirá como si estuviera en manos de un violador.

Así es que, efectivamente, son las mujeres las que en general controlan el intercambio de la energía sexual y emocional que tanto necesitan los hombres, y usarán su poder para manipularlos descartando sus favores. A veces llevarán a los hombres hacia una trampa refinada y los cargarán de responsabilidades y niños al preservar su sexualidad. Los que sienten que los «han cazado» están tan justificados como las mujeres que se quejan de ser usadas como objetos sexuales.

Sin embargo, cualquier otro aspecto de la sexualidad es de dominio masculino. Las mujeres sólo pueden controlar el sexo por la vía de no tenerlo. Una vez que deciden hacerlo pierden la posición de poder a menos que rechacen el sexo otra vez, cosa no siempre efectiva ya que muchos hombres sólo están buscando un polvo rápido o como máximo tres. Pero incluso cuando las intenciones del hombre son respetuosas y sensibles la trayectoria de sus relaciones sexuales será la clásica; besitos, caricias, penetración y orgasmo, y confiando en que sea simultáneo. Esta trayectoria masculina está tan embutida en la mente de hombres y mujeres que los hombres no pueden concebir una alternativa y las mujeres no pueden siquiera imaginar cómo lograr lo que buscan.

LAS RELACIONES ENTRE LOS HOMBRES

En general, los hombres se aferran a su poder mediante el control y la competición. Para un hombre, una de las consecuencias inevitables de renunciar al control es que cambiarán sus relaciones con otros hombres. Las relaciones entre hombres, aunque pueda parecer que varían considerablemente entre diferentes individuos, parecen tener todas ellas una cualidad común. Sin tener en cuenta cuánta cordialidad y aprecio se puedan intercambiar, la capa de aislamiento, la base rocosa, la barrera impenetrable parece estar para que los hombres no se toquen. Con certeza, dejarán que sus manos entren en contacto con el cuerpo de otro hombre, especialmente si hay ropa por medio, o si el contacto es rápido y más bien como una palmada. Los hombres apretarán la mano del otro en un saludo, y parecerán tocarse en ocasiones, e incluso algunos frecuentemente. Pero si este contacto físico es comparado en duración e intensidad con la clase de contacto físico que los hombres persiguen y mantienen con las mujeres, se verá que simplemente no se sienten cómodos con el contacto físico mutuo. Mantendrán un espacio más amplio entre ellos que el que mantendrán entre ellos y las mujeres, y tendrán un contacto físico real más corto y menos frecuente; existen grandes barreras para la calidez y la intimidad entre los hombres. Obviamente estoy hablando de hombres heterosexuales.

Uno de los primeros ejercicios desarrollados por el movimiento de concienciación feminista que resultó efectivo para hacer a los hombres tomar conciencia de su sexismo consistía en intercambiar los papeles con las mujeres, como ya describí anteriormente. Pero si uno quiere comprender cómo afecta a las relaciones entre hombres el sexismo, entonces el ejercicio a realizar ha de ser uno en el que todo un grupo de hombres simulen ser mujeres. Mediante este ejercicio, se hacen intensamente conscientes de los obstáculos que tienen en las relaciones con otros hombres. Incluso, a medida que se desarrolla el ejercicio, se hace evidente que estos obstáculos no están basados en algún tipo de carencia emocional, sino en las prohibiciones y temores tan universalmente extendidos entre los hombres.

¿Qué beneficios hay en relacionarse a ese nivel con hombres? Los hombres tienen cualidades que no tienen las mujeres y que agradan a otros hombres. Hombres y mujeres son diferentes. Quizá se deba a su educación o al papel sexual en el que han sido criados, pero también pudiera ser que son diferentes por unas razones más puramente biológicas. Normalmente, los hombres son más fuertes y resistentes. Sus intereses van por determinadas vías. Sus emociones se canalizan por caminos concretos. La satisfacción que se siente al relacionarse con alguien cuya respuesta global presenta una superficie dura y fuerte, más densa, menos vulnerable, más dúctil y de confianza es diferente que experimentada al relacionarse con una mujer. No es que sea un sentimiento mejor sino simplemente diferente, e igualmente satisfactorio a su manera.

Es bueno relacionarse con alguien que es como uno mismo y que entiende en qué consiste ser un hombre. Esto será cierto en tanto en cuanto hombres y mujeres sean tan diferentes como lo son, por la razón que sea. Me resulta difícil esbozar una imagen de a qué se parece dado, que la experiencia me genera fuertes emociones, pero en cualquier caso sé que los hombres la hallan profundamente satisfactoria cuando pueden compartir las afinidades entre ellos. De alguna manera, hemos de tomar como un acto de fe el hecho de que vale la pena estrechar las relaciones entre nosotros. Lo que tenemos los unos para los otros es un misterio oscuro y temible, pero aún se me desboca el corazón cuando me permito pensar en ello. Desarrollar la hermandad entre los hombres es una de las premisas ocultas del feminismo. Atisbo un mundo en el que los hombres se relacionan entre sí afectuosamente y con confianza en vez de con competitividad, frialdad y temor. Por desgracia, aparentemente la única situación en la que ocurre esa clase de intimidad entre hombres es en la guerra de infantería, en la cual una banda de hombres se enfrentan a un peligro constante. Es de allí de donde oímos esta clase de sentimientos.

18. CÓMO LLENAR EL VACÍO DEJADO POR EL CONTROL

Para mí, escribir un libro sobre el poder me parece un subproducto de un proceso que se inició hace treinta años.

Fue una mujer, en representación de toda la feminidad, quien primero me trajo a la conciencia los hechos diarios y sutiles del mal uso de mi poder. «Los hombres oprimen a las mujeres», me dijo, y yo asentí como excluyéndome del grupo de hombres a los que veía abusar del poder. La parte sorprendente del mensaje fue, «Y tú, Claude, también eres un hombre opresor y abusador». Me quedé noqueado, y probablemente para desviar su afirmación me mostré muy interesado en el sexismo y en la forma en que los hombres se exceden con las mujeres. Amaba a las mujeres bastante incondicionalmente, y no iba a tomarme a la ligera la acusación (que sospechaba falsa) de que yo era un macho opresor. Iba a investigar esta cuestión de la opresión masculina y probarme a mí mismo y a los demás que yo estaba por encima del abuso de poder. Una vez que lo hubiera demostrado, habría puesto la cuestión a un lado: un acreditado hombre liberado, por encima de cualquier sospecha.

Interesarme en esta materia me hizo consciente de las principales herramientas de abuso de poder entre los seres humanos. Vi claro que toda la injusticia humana podría ser fácilmente analizada mediante secuencias transaccionales a las que llamé *juegos de poder*. El sexismo era un área en la que la injusticia se me hacía más evidente. Los hombres minusvaloran a las mujeres, las interrumpen a mitad de una frase, las dominan físicamente, las manipulan con trucos verbales y mentales. Veía, cada vez más para mi sorpresa, cómo yo mismo estaba implicado en todas y cada una de esas actividades.

EL PLAN CONDENSADO

Me di cuenta de que de hecho yo era un dolor de cabeza no sólo para algunas mujeres, sino para otro tipo de personas. Como persona de mediana edad, abusaba de mi poder sobre niños y ancianos. Era racista y no era justo con los gordos ni con los bajos. Me di cuenta de que como bienhechor profesional, oprimía con mi lenguaje y maneras a gente que tenía una educación de clase obrera. Comencé a sospechar que yo, alguien orgulloso de ser un humanista, en cualquier caso siempre tenía una muy bien asentada y enrevesada inclinación a usar mi poder en formas que no necesariamente eran beneficiosas para otros, y en último caso ni siquiera beneficioso para mí mismo. Vi que una cosa es ser poderoso, pero cómo usamos ese poder es otra. Pronto vi, por primera vez por el contraste que otros me ofrecían, que yo era un hombre privilegiado, más privilegiado por ser blanco, y más privilegiado por tener una educación, y privilegiado también por ser de mediana edad, y aun más privilegiado por estar emparejado con una poderosa mujer. También vi que todo el poder que tenía en virtud de esos privilegios conllevaba responsabilidad, y que estaba fallando al actuar irresponsablemente con mucha más frecuencia de la que me hubiera gustado admitir.

Me di cuenta de que mis esfuerzos auto-justificativos eran inútiles. El abuso de poder estaba por todas partes. Nadie estaba libre del abuso de poder, ni hombres ni mujeres. Me di cuenta de que la cuestión no estaba en demostrar mi inocencia en el sexismo, sino en entenderlo, encontrarlo en mí y en otros, y luchar contra él. Para mí y para otros que sentían lo mismo fue tarea de toda una vida.

Fue en esa época cuando me hice feminista: un hombre que amaba y respetaba a las mujeres, que quería que ellas tuvieran sus derechos, que quería encontrar su lado femenino, y un hombre que se opondría a la supremacía masculina, el patriarcado, y en general, a cualquier abuso de poder. Con la ayuda de amigos y compañeros de trabajo, que me han reconvenido con cariño, he trabajado para descartar comportamientos que constituyen abusos de mi poder. Mi primer impulso fue abandonar totalmente el poder, dejando lo que me pertenece, retrocediendo de manera inconsciente, centrándome en las acusaciones enfurecidas de los oprimidos y en los efectos paralizantes de mis propias culpas, aún descubriendo en mí cierta apetencia por este tipo de actitudes. Ser poderoso y abusar del poder no es lo mismo; ser poderoso es bueno, abusar del poder es malo. Decidí descubrir todas las vías por las que yo personalmente abusaba de mi poder, o las formas en las que yo contribuía al poder abusivo de otros, así como maneras de tener y usar el poder que no fueran abusivas.

Ha sido un camino largo, arduo, divertido, y a veces extremadamente doloroso y amargo. He aprendido una gran lección, muchas de ellas de los hombres, la mayoría de las mujeres, y otras también de mis hijos o de viejos amigos de mi confianza. He llegado a comprender el poder hasta un grado tan sofisticado como para escribir un libro sobre ello. Yo mismo me puedo poner como ejemplo de alguien que está familiarizado con los abusos de poder, que los ha utilizado, que los ha padecido y que ha llegado a tener conciencia de cómo hieren a otras personas, que ha rehusado a un buen número de ellos, y que pretende seguir haciéndolo probablemente por el resto de su vida.

Todo abuso de poder descrito en este libro, con excepción de aquellos violentos y sangrientos, ha formado parte de mi comportamiento. He interrumpido, corregido, arrollado, ignorado, juzgado, evaluado, insultado, atacado, comandado, rebajado, y mentido a gente. Justifiqué esto dando por hecho que necesitaban mi actitud gentil, autoritaria, paternal, y a veces taimada para mejorar sus vidas. Afortunadamente tenía el suficiente talento y encanto como para que me fuera tolerado, y cuando comencé a dejar de lado mis abusos de poder ellos me acompañaron con *gusto*[3]. Empezaron a quejarse de mi tono, de mi aire de superioridad, de mi ruda inflexibilidad y de mis pronunciamientos dogmáticos. Se opusieron a mis planteamientos y mostraron su desacuerdo abiertamente. La mayoría de las veces sus críticas eran acertadas, y yo escuchaba. La máquina no se podía parar.

Para mi sorpresa, me pareció que salía ganando al abandonar los abusos de poder, en mi trabajo, en mis relaciones de pareja, o en las relaciones con mis amigos y desconocidos, e incluso con mis enemigos. Mi poder de curación realmente mejoró en este proceso, dejé atrás las actitudes de macho dominante aprendidas durante mi crianza, una a una, y mientras aprendí a comunicarme, a sentir y a pensar de nuevas formas. Finalmente, me enamoré de tal manera como nunca antes me había enamorado; completamente, con una entrega plena y sin reservas, dando de lado al control, mientras mi sediento corazón bebía de la fuente mágica del Amor.

ENARBOLA TU CORAZÓN

En el capítulo anterior expuse el procedimiento mediante el cual las personas se pueden inclinar por dejar el poder de control en sus vidas. Incluso para aquellos que consideran este abandono como esencial sin importarles las consecuencias, la pregunta aún puede permanecer: ¿Ahora que he abandonado el control, he perdido alguna parte de mí? Es una pregunta acertada. De hecho, a medida que la persona va soltando una tras otra las facetas controladoras de su comportamiento puede encontrar que se siente débil, pequeño, insignificante y, en general, impotente; un sentimiento que le puede provocar una gran alarma. Esto es especialmente cier-

---

[3] En español en el original (*N. del T.*).

to en los hombres, ya que están enseñados a sentirse bien sólo cuando tienen el control. Puede que no queramos dominar a otros seres vivos, pero en cualquier caso tampoco queremos estar sin ningún poder sobre nada.

Para algunos, el sentimiento de empequeñecimiento e impotencia realmente les aporta algún alivio. Alivio para la responsabilidad, para la culpa cuando no delegamos nuestras responsabilidades, alivio de no tener que dar la impresión de ser poderosos, con control y con acierto todas las veces. Pero es un alivio temporal. En su momento, cuando nos acostumbramos a las ventajas del abandono del poder, es cuando la cuestión realmente se evidencia: «¿Si no es el poder del Control, entonces qué?».

La respuesta es que sea lo que sea, es realmente ilimitado. El hecho de que las personas, especialmente los hombres, se hayan centrado en el control también los ha cegado para otras formas de poder: El Otro Lado del Poder.

19. EL OTRO LADO DEL PODER

A continuación describo siete fuentes de poder no abusivo. Quizá sorprenda que una de ellas sea el control, que es un recurso apreciable si no se usa abusivamente o fuera de contexto con los otros seis. Los estudiantes de religiones orientales reconocerán el origen de estas ideas en la antigua teoría de los chakras propias del yoga Kundalini: Tierra, Ternura, Poder, Corazón, Garganta, Tercer Ojo, y Cosmos.

Llamo a estas siete fuentes del poder Arraigo, Pasión, Control, Amor, Comunicación, Información, y Trascendencia.

Ninguno de estos poderes se debería poner por encima de otros. En vez de ello, se deberían usar conjuntamente, por la capacidad única de cada uno de ellos de producir cambios. Cuando los uses en combinación, te darás cuenta de que este arco iris de opciones es mucho más poderoso que las axiomáticas y a menudo brutales formas de poder de control que a tantos de nosotros nos dominan.

EQUILIBRIO

El equilibrio o arraigo, como también se le llama, es la capacidad de estar firme y cómodo al estar de pie, trepar, andar o correr.

Cuando tienes una capacidad de equilibrio bien desarrollada, tú «sabes dónde estás parado». Y como sabes dónde estás no resultará fácil sacarte de tu posición, física o personal. Tu cuerpo estará firmemente plantado, y tu mente será estable.

Como con todas las fuentes de poder, has de intentar encontrar un «término medio» en lo que al equilibrio se refiere. Si estás pobremente enraizado, serás demasiado obediente, asustadizo y tímido. Pero si te pasas, entonces serás obstinado, pétreo, denso, inamovible, y simple.

El arraigo es una fuente de poder particularmente valiosa para las mujeres. El patriarcado desalienta a las mujeres para que no mantengan un sentido fuerte del equilibrio físico. La moda femenina, diseñada para agradar a los hombres (ropa ajustada, minifaldas, tacones altos) interfiere en la estabilidad física. Igualmente sucede con las exigencias en los modales (movimientos cuidadosos y limitados) para cualquier «mujer de su casa».

Por otro lado, los hombres son libres de estar físicamente tan cómodos como les plazca, vestir ropa y calzado confortable, y tienen unos requerimientos mínimos en cuanto a su aspecto y compostura.

Recientemente, al desplazarse lentamente las mujeres hacia una igualdad de status con los hombres, están echando a un lado los dictados de la moda y de la compostura a los que estaban sometidas. Como resultado, se están sintiendo más poderosas: más enraizadas, entronizadas y equilibradas.

PASIÓN

El poder de la pasión te puede vigorizar como ningún otro. La pasión puede crear o destruir. La pasión enfrenta a los opuestos, forzando la transformación y el cambio.

Con la ausencia de la pasión sexual no tendríamos Romeos ni Julietas, ni tantos matrimonios, ni tampoco amores no correspondidos. Pero la pasión no es sólo sexual. También alimenta el fervor misionero, las búsquedas desesperadas y las revoluciones.

Si tu pasión está pobremente desarrollada, serás apático, aburrido y temeroso. Si tu pasión se desborda, explotarás con una energía desbocada.

CONTROL

El control ha sido mal usado, pero es una forma esencial de poder. El control te permite manipular tu entorno y los objetos, máquinas, animales y personas, que están en él.

Este control, que es tanto físico como psicológico, también te da poder sobre ti mismo. El control es especialmente importante cuando, bajo la forma de autodisciplina, te deja regular la pasión y, muy importante, tus emociones. Este control es vital cuando los acontecimientos a tu alrededor se descontrolan y amenazan tu supervivencia. Si pierdes el control del poder puedes ser víctima de tu torbellino interior y convertirte en adicto, deprimido, insomne, e indolente. O puedes ser víctima del mundo exterior, convirtiéndote en desempleado, vagabundo, golpeado, perseguido, enfermo mental, o debilitado por la contaminación. Se te verá como indisciplinado, incapaz de controlar lo que sientes, dices o haces, y de lo que sale por tu boca, entra por tu nariz o corre por tus venas. En el borde opuesto, cuando te obsesiones con el control estarás preocupado por tener el control absoluto de cada situación y sentimiento.

AMOR

Todos queremos amar y ser amados, sabiendo lo bien que sienta cuando esto ocurre. Pero muy poca gente mira detrás de los obvios placeres del amor para ver su poder. Y aún menos son los que desarrollan completamente ese poder.

El amor es algo más que un ramo de flores el día de los enamorados, el estremecimiento que te recorre cuando ves o tocas a tu ser amado, o el cálido abrazo de la madre de tu hijo. El amor tiene el poder de unir a las personas, capacitándolas para trabajar sin descanso codo con codo en las tareas más duras, insuflando la esperanza que les puede sacar de las situaciones más infernales; inundaciones, terremotos, hambrunas, guerras, o desastres económicos.

Si tu poder de amar está subdesarrollado, serás frío, escaso en calidez o empatía con los demás, incapaz de cuidar o ser cuidado, incluso incapaz de amarte a ti mismo. Si este poder está pasado de vueltas, serás un salvador sistemático, llevado a sacrificios excesivos por los otros mientras al mismo tiempo te olvidas de ti mismo.

Amor y Control son confundidos a menudo entre ellos. Es característico de aquellos para los que el poder está revestido por el control que carezcan de capacidad de amar. Sus sentimientos tienen su origen en cuestiones relativas al control más que en el amor. El celoso es un buen ejemplo.

Mucha gente piensa que los celos son una emoción asociada al amor y que ser celoso es indicativo de cuánto se quiere a una persona. El hecho de que alguien quiera a otra no significa necesariamente que el amor esté implicado. Con frecuencia la gente quiere a otros de la misma forma que quiere un coche, una casa, o cualquier otro tipo de propiedad. En cualquier caso, la confusión es cierta y las diferencias resultan difíciles de discernir. El Amor y el Control se entremezclan y así cualquier objeto o persona pueden hacer aflorar ambos sentimientos en cualquiera, por lo que no queda claro qué es lo que está pasando. En el caso de los celos, cuando se nos aparta de la persona o del objeto, a veces conseguimos una perspectiva muy clara de la diferencia.

Cuando los celos tienen que ver con la posesión (el deseo de dominar los movimientos de otro) se está conectando con instintos primitivos, posesivos y territoriales que se aplican tanto a objetos como a personas. El deseo que algunos tienen por delimitar su propiedad privada y ejercer el control sobre ella se manifiesta en forma de celos. Al sentir este tipo de celos, no nos preocupamos por los detalles, las circunstancias o las consideraciones hacia las necesidades emocionales de otros. Puede que ni queramos ni nos preocupe esa persona. Podemos tener una segunda, tercera o cuarta amante, pero consideramos a esa persona como de nuestra propiedad y, de igual forma que no sería aceptable que un extraño circulase con mi camioneta, somos incapaces de aceptar la libertad y el derecho a lo que elija nuestra amante. Los celos controladores no tienen nada que ver con el Amor, aun cuando a menudo se confundan. Si existiera algo como el Amor puro, este excluiría completamente el Control. El premio final por abandonar el control es el redescubrimiento del Amor.

No siempre los celos están fundamentados en el control. También pueden ser el resultado de un déficit y desequilibrio de caricias. Cuando uno de los miembros de la pareja retiene las caricias para darlas a otra persona los sentimientos de celos están bastante más legitimados y no se pueden eliminar hasta que ese desequilibrio se corrija.

Cuando el amor está en el punto central de las siete fuentes del otro lado del poder, una actitud de aprecio coordina la aplicación de las otras seis, por lo que dará poder tanto a su dueño como a todos aquellos que lo rodeen.

COMUNICACIÓN

El poder de la comunicación depende de la capacidad de reproducir en otros los pensamientos y sentimientos de uno mismo. Están implicadas dos operaciones: enviar y recibir, hablar y escuchar. Se necesita una comunicación bidireccional para transmitir conocimientos, resolver tus problemas con otros, y para construir una relación satisfactoria.

Si estás falto de poder de comunicación, serás incapaz de aprender algo o de disfrutar en compañía. Si saturas tu comunicación, te puedes convertir en un charlatán compulsivo y despreocupado, que presta muy poca atención a lo que dice o al efecto que provoca en otros.

Todas las fuentes de poder trabajan en conjunto. Una combinación muy fuerte de poderes, usada por los grandes maestros, está hecha de comunicación, información y amor. Su comunicación se inspira en el amor a la verdad y en el amor a las personas. No usan el control para manipular o persuadir. En su lugar explican y tratan de hacer comprender si no son entendidos; sus estudiantes son libres para comparar lo que están aprendiendo con lo que ya conocen, formándose así sus propias opiniones bien fundamentadas.

INFORMACIÓN

El poder de la información es el de reducir la incertidumbre. Cuando tienes información, te puedes anticipar a los sucesos y puedes hacer que las cosas ocurran o evitar que sucedan. Si estás escaso del poder de la información, sufres de ignorancia. Si está hiperdesarrollado te conviertes en hiperintelectual y te falta corazón.

La información se presenta en cuatro formas; ciencia, intuición, historia y visión.

La ciencia afronta los hechos metódicamente, observando las cosas cuidadosamente y anotando cómo funcionan. La ciencia es como una cámara que toma imágenes bien enfocadas y detalladas de la realidad. Es una fuente poderosa de certezas.

La intuición capta el flujo de las cosas. Produce «predicciones instruidas» sobre cómo son las cosas. La intuición es difusa, no exacta como la ciencia, pero es igualmente una poderosa guía hacia lo que probablemente sea cierto. Por esto, la intuición resulta a menudo vital en los estadios más tempranos de importantes descubrimientos científicos. La intuición, y su extensión la empatía, son facetas especialmente poderosas del Otro Lado del Poder, por lo que permíteme que me extienda.

La intuición es nuestra capacidad de conocer más allá de lo que nos cuentan nuestros sentidos. Conocemos el mundo a través de nuestros ojos y oídos, tacto y olfato. Pero tenemos lo que se le llama el «sexto sentido» —intuición— por el cual también tenemos disponible el conocimiento del mundo. La intuición, la capacidad de conocer sin una información reconocible, está frecuentemente infradesarrollada a pesar de que todos pueden disponer de ella. No podemos saber cómo se siente alguien sin ella. Sin intuición, la reciprocidad es más difícil y un amor perdurable imposible. La intuición está particularmente disminuida en la gente que se enorgullece de ser racional y que quiere saber lo que sabe basándose en hechos concretos y observables. La mayoría de los hombres no atienden la manera vaga, informe e inexplicable en que la intuición se manifiesta, ya que frecuentemente piensan que se trata de una forma de irracionalidad femenina. No obstante lo cierto es que la intuición en combinación con la razón da acceso a un conocimiento expandido, lo que es una gran mejora sobre la exclusividad de la razón (o de la intuición).

En *Una realidad aparte*, Carlos Castaneda argumenta con Don Juan de manera bastante racional sobre la posibilidad real de evitar las situaciones peligrosas:

—No es posible vivir siempre con la estrategia —dije—. Imagínese que alguien lo está esperando con un rifle de largo alcance y con mira telescópica; puede darle con exactitud a quinientos metros de distancia. ¿Qué haría usted?

Don Juan me miró con aire de incredulidad y luego se echó a reír.

—¿Qué haría usted? —insistí.

—¿Si alguien me está esperando con un rifle de mira telescópica? —dijo, obviamente en son de burla.

—Quiero decir que toda su estrategia no puede servirle de nada en una situación así.

—Ah, pero sí sirve. Si alguien me está esperando en un sitio con un rifle de largo alcance con mira telescópica, sencillamente no llego a ese sitio.

Curiosamente, se persigue intensamente el desarrollo de la intuición mediante la confirmación de la paranoia. La razón de esto es que la paranoia es el resultado de la supresión de la intuición. En *The politics of the family*, R. D. Laing apunta que las experiencias personales en el mundo son continuamente invalidadas y reemplazadas forzadamente por el punto de vista «oficial» de los acontecimientos. Habla de una mujer cuya experiencia es que, aún estando oficialmente casada (con un certificado y una ceremonia nupcial que lo prueba), su «esposo» de hecho no está casado con ella en ningún sentido; su conducta contradice cualquier acuerdo matrimonial. No muestra amor, respeto, ni interés por ella. Cuando ella proclama que él no es su marido, se la envía a un psiquiatra; su experiencia (él no es su esposo) es etiquetada de enfermiza y como no válida.

Irónicamente, cuando la incapacitación toma formas extremas, a veces vuelve a la gente inválida mental, vuelta loca con lo que el estamento psiquiátrico llama esquizofrenia paranoide. Cuando observamos lo que sucede con otras personas y estas percepciones se niegan o descuentan, básicamente estamos comprimiendo nuestro poder intuitivo. Cuando se niegan los sucesos desagradables de la vida, el resultado (para la mayoría de nosotros, que no nos volvemos locos) es que desarrollamos el tipo de sospechas y dudas irritantes y repetitivas que componen el florido jardín de nuestras fantasías paranoides de cada día.

«La Paranoia es una conciencia exacerbada». Esta declaración, que hice por primera vez en 1969 en el Manifiesto de Psiquiatría Radical, fue entonces vista como una afirmación extremista incluso por mí mismo. Fue diseñada para confirmar, a mí mismo y a otros en el movimiento antibélico, que nuestras paranoias con el FBI, y la CIA eran ciertas. Hoy todos sabemos que esas sospechas eran algo más que válidas; y la reciente apertura parcial de los archivos del FBI, por ejemplo, corroboran que Edgar Hoover tenía agentes encubiertos infiltrados y perturbando todos los grupos de concienciación femenina del país en esa época.

La paranoia es el último vestigio de nuestra negada intuición. Algunos de nosotros hemos sido tan abrumados con el pensamiento científico y hemos tomado tan en serio las negaciones de todo lo que experimentamos con la intuición, que no hemos dejado hueco para la paranoia. Hay dos tipos de personas verdaderamente enfermas: aquellas que piensan que todo el mundo está pendiente de ellas, y las que piensan que nadie está pendiente de ellas. Ambos casos son relativamente raros, y la mayoría de nosotros aparcamos las ideas esporádicas de persecución, que descontamos en su mayoría. Y son estos últimos chispazos de nuestra intuición perdida los que necesitamos atrapar; serán la piedra de toque, el primer paso para edificar nuestro poder intuitivo.

Repitiendo, el conocimiento posee cuatro fuentes; ciencia, intuición, historia y visión.

El conocimiento histórico proviene del conocimiento de acontecimientos pasados, tanto mediante la experiencia personal, como a través del estudio de la historia. La perspectiva histórica puede ser una herramienta poderosa que te puede ayudar a anticipar acontecimientos.

La visión es la habilidad de ver lo que se extiende delante de ti directamente, o mediante sueños y visiones. Todos tenemos visiones del futuro pero es necesaria una gran confianza en uno mismo para ser un visionario. Cuando la visión se reconoce, es una fuente de información altamente estimada.

En general, nuestra sociedad considera la ciencia como la única fuente válida de conocimiento; la historia es para los viejos, la intuición es cosa de mujeres, y la visión de lunáticos. Aún así, todas estas fuentes de información tienen validez y te pueden agregar carisma.

En todas las épocas la información ha tenido un mal uso. Se ha usado al servicio del control, para alimentar la guerra, para ampliar los territorios, y para imponer puntos de vista políticos y religiosos. Hoy en día, en la Era de la Información, el mal uso de la información viene bajo la forma de desinformación, comunicados falsos, anuncios políticos negativos y otras formas de propaganda. Se usan para manipular a millones de personas mediante la televisión y otras formas masivas de los medios, y para persuadir a la gente de vivir ciertos tipos de vida y comprar los productos que las acompañan.

La información al servicio del amor debería ser algo completamente diferente. Se debería usar para construir el poder personal; la salud por medio del conocimiento médico y psicológico, la sabiduría a través de la educación, las relaciones mediante la educación emocional.

TRASCENDENCIA

Cuando se ve como una fuente de poder, la Trascendencia es el poder de la ecuanimidad, de dejar que los acontecimientos tomen su rumbo sin enfadarse o permitir que nuestro ego se implique. Te permite encontrar la calma y ver con claridad, incluso en medio de cataclismos. Te encuentras con la trascendencia al darte cuenta de tu insignificancia en el universo, lo breve que es la vida antes de que retornes al polvo cósmico, lo efímero de tus éxitos y errores, lo relativamente secundario de tus penas y alegrías. En cualquier situación que puedas estar, la puedes manejar cuando la ves como una partícula en la inmensidad del tiempo y del espacio. Al entender esto, no hay temor al futuro o ni tan siquiera a la muerte dado que la propia existencia no puede ser enturbiada por acontecimientos ordinarios. El poder de la trascendencia te da esperanza y fe en que existe un sentido para la vida incluso aunque la limitada inteligencia de uno no sea capaz de pillarlo. Con ella podemos «elevarnos» sobre una situación concreta y sentir y confiar en nuestro poder a pesar de las condiciones materiales. La religión puede ser un camino a la transcendencia pero usualmente no lo es. Al mismo tiempo se puede llegar a trascender sin ayuda de la religión y hasta sin creer en un Dios particular, sea cristiano, islámico, judío o de los muchos que se encuentran en el mundo actual o pasado.

Si tu capacidad para trascender está poco desarrollada te verás a ti mismo como el centro de las cosas y te agarrarás desesperadamente a tus creencias y deseos, a las aversiones y simpatías, a tus éxitos y fracasos, cueste lo que cueste. No serás capaz de ver el efecto que produces en otros seres humanos y en el medio ambiente, porque para ti lo único que importa eres tú. Por otra parte, si la trascendencia se convierte casi en el único método de moverte por la vida llegarás a estar desconectado de las cuestiones terrenales, al punto que estarás «flotando a la deriva» inconsciente de cuanto sucede a tu alrededor, incapaz y maldispuesto para tocar el suelo.

RENUNCIAR AL CONTROL DA VIDA

Abandonar el control afecta a la totalidad de la persona, tanto psicológica como físicamente. Cuando al cuerpo y a la mente los acompañan una fijación por el poder de control su estado es el de la tensión. La persona tiene que estar en permanente vigilancia para no perder el control sobre sí misma o sobre otros y generalmente asume una gran carga de responsabilidad sobre excesivas cuestiones. La concentración en aspectos concretos del control se pondrá de manifiesto en general mediante una desconexión de las sensaciones corporales y de las emociones. La fatiga constante provocada por la vigilancia que el control requiere hará literalmente imposible apreciar lo que esté experimentando internamente. Negará las señales de las enfermedades nacientes, del sobreesfuerzo, de la fatiga crónica, de la malnutrición, sea tanto por comer en exceso como en defecto. El estrés blanqueará todas las sutiles señales internas procedentes de su cuerpo; la hará inconsciente tanto a los placeres como a los sufrimientos que esté sintiendo a lo largo de su vida. Dejar de controlar aporta una intensificación de la conciencia propia de los procesos internos del cuerpo. Cuando una persona abandona el control, es muy probable que llegue a estar más interesada en lo que come, en cómo se siente, si está haciendo una cantidad de ejercicio inadecuada, y si está portando una dolorosa cantidad de tensión en algún lugar de su cuerpo.

SÍMBOLO	FUNCIÓN	ENERGÍA	PODER	+ IMPOTENCIA - Exceso/Defecto
	Trascendencia	Psíquica	Sin temor a la muerte	Fuera de la realidad/ Sin sentido del humor
	Conocimiento	Información: · Ciencia · Historia · Intuición · Visión	Capacidad de predecir	Súper-intelectual/ Igno- rante
	Comunicación	Interacción	Capacidad de inducir ideas y sentimientos	Charlatán/Callado
	AMOR	Emoción	Educación emocional	Hiper-emocional/ Embotado
	Control	Fuerza	Capacidad de manipular	Fanático del Con- trol/Pasivo
	Pasión	Aceleración	Agilizar los procesos humanos	Maníaco/Depresivo
	Equilibrio	Gravedad	Estabilidad	Terco/Voluble

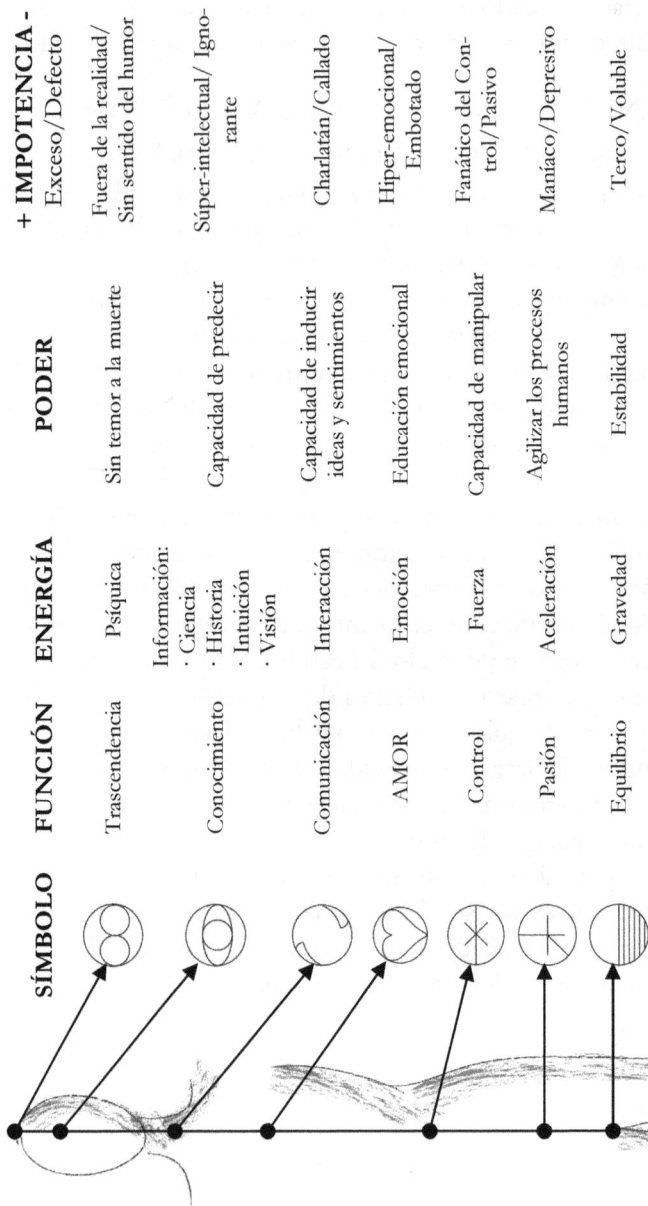

FIGURA 2. Siete Fuentes de Poder Centrado en el Corazón

240

Desarrollará un nuevo y completo juego de intereses relativos a su integridad física. La dieta, el sueño, y los hábitos de ejercicio muy probablemente cambien y se reajusten a patrones más saludables. Como consecuencia, esto afectará a su manera de relacionarse con otras personas. La gente que está pendiente del control tiende a evitar situaciones en las que experimenten sentimientos de indefensión, pérdida, dolor, impotencia, enfado, celos, y en general todos los sentimientos que acompañan a las situaciones en las que uno está un escalón por debajo y sin control.

Cuando empecé a abandonar el control me sentí, por primera vez en mi vida, celoso de una forma increíblemente intensa (yo pensaba que no era celoso), solo, incapaz de «manejar» mis sentimientos, y con la rabia que la gente controladora siente cuando no pueden obtener de otros lo que quieren. Todo eso lo experimenté en conexión con una relación que no iba en la dirección que yo quería que fuese. Pasé por un período prolongado de desagradables sentimientos de inferioridad. Parecía que tenía los zapatos cambiados de pie, y afronté experiencias que nunca antes me había permitido, ya que siempre había mantenido el autocontrol en mis relaciones.

Ésta fue una cuestión importante en el aprendizaje de la empatía. Pegadas a las emociones negativas que me brotaron al abandonar el control, surgió un surtido de sentimientos positivos que también eran nuevos para mí. Me volví más cariñoso, más capaz de comunicarme con la gente, más dúctil, más compasivo, más reflexivo y meditabundo; un ser humano más agradable y más placentero. Al mismo tiempo, mis ataduras a las cuestiones materiales disminuyeron, y también mi vida estuvo menos dominada y dirigida por consideraciones sexuales. Noté un incremento de aprecio y de sentimientos de cariño que me venían de otra gente allá donde estuviera, y una capacidad de responder con sentimientos propios similares.

Abandonar el control y embarcarse hacia El Otro Lado del Poder es equivalente a unirse a la raza humana. Al hacerlo, descubrimos que no estamos solos, que hay gente valiosa allá donde vayamos, que están intensamente implicados en la carrera por la supervivencia de nuestra humanidad. Sólo tenemos que levantar nuestras frentes para siempre ver a alguien cuyo fulgor encontrarán nuestros ojos:

> Sí, te veo, hermana
> Sí, te toco, hermano
> Sí, te siento, niño
> Como la tela de araña
> Vistos por el ojo avizor
> Estamos entrelazados
> Corazón con corazón
> Mente con mente
> Mano con mano

CODA

MARÍA

Cuando Juan y María se conocieron, hacía dos años que María se había divorciado tras ocho años de matrimonio y vivía sola con sus dos hijos. Se sentía razonablemente fuerte y segura, tenía trabajo y las cosas seguían su curso, pero a veces se encontraba agotada al hacerlo todo sola. Buscaba amistades con la esperanza de que podría llegar a intimar, lo que podía hacerle la vida menos solitaria, más alegre, menos dura. Referente al sexo no era una mojigata, pero en el último año había rechazado las intimidades sexuales que le ofrecían los hombres, ya que había concluido que el sexo ocasional no tenía la promesa de desarrollar una relación íntima, y si bien podía ser divertido, era probable que para ella resultase ser más una fuente de dolor que de placer. Había cultivado un número satisfactorio de amistades con hombres y mujeres que la agradaban, pero en cualquier caso, estaba claro que quería una relación más íntima en la que pudiera abandonarse a sus necesidades emocionales y en la cual pudiera practicar las habilidades emocionales que había estado aprendiendo en el grupo de terapia al que acudía semanalmente. No tenía claro qué tipo de persona estaba buscando, si alguien joven, mayor, hombre o mujer —sólo sabía que necesitaba alguien cercano—, pero también sabía que ella misma no se iba a comprometer, sin importarle la urgencia de esa necesidad. Tras gastar los años de su veintena en un matrimonio común e insatisfactorio, ahora quería pasar página. Más que nada quería igualdad. Igualdad en el cuidado de los niños, en un trabajo remunerado, en el intercambio emocional, y especialmente igualdad en el compromiso. En su matrimonio, en el cual había luchado mucho por preservarlo, siempre sintió que él no se preocupaba tanto como ella. Cuando finalmente pidió el divorcio, su marido la sorprendió al parecer no tener objeciones ni quejas excepto por las económicas resultantes de dividir las propiedades.

Aprender sobre educación emocional, poder, y juegos de poder en su grupo de terapia alumbraba lo que había sucedido en su matrimonio. Ambos habían mentido, la mayoría de las veces por omisión; no habían compartido adecuadamente las responsabilidades; no habían pedido lo que querían ni dicho cómo se sentían. Él la había asediado interminablemente y con gran éxito hasta conseguir lo que quería: su cálido apoyo emocional y sexual. Ella le había hecho juegos de poder con escaso éxito para que la escuchase, hablase con ella y estuviese comprometido.

Nunca más: era su decisión. Pero temía que sus altas expectativas nunca se vieran cumplidas puesto que parecía que los hombres no estaban interesados en una madre divorciada con dos hijos, en la treintena, y que para empezar quería igualdad de derechos.

En consecuencia, se sorprendió cuando sólo unas horas tras el encuentro con Juan en la fiesta de una de sus amigas, se encontró a sí misma en su coche camino a casa y esperando con ansiedad el final de la noche en el que ella, expectante y esperanzada, se visualizaba haciendo el amor con él. Sentía una atracción muy fuerte y sorprendente, no sólo sexual, sino un tirón que la arrastraba como fibras diminutas e invisibles. Sabía lo bastante como para darse cuenta de que su sentimiento podía ser unilateral, creado por ella, y altamente volátil, pero había algo en él que era diferente. Tenía que ver con el contacto visual, con una atenta consideración y curiosidad, y con algunas declaraciones que él había hecho, las cuales le definían bastante inequívocamente como alguien que simpatizaba con las cuestiones de las mujeres, un feminista en potencia.

Se encontraron en la mesa del buffet, y un comentario casual sobre las galletas saladas había dado paso a una conversación animada, engarzando un tema con otro como las perlas de un collar. No habían parado de hablar, todo risas y animación. Cuando llegó la hora de dejar la fiesta Juan le ofreció llevarla en su coche. A medida que se dirigían a la casa de María, repentinamente se volvió recelosa, temerosa; se le helaron las tripas.

Se acordó de anteriores fogosidades similares, y de cómo habían terminado. Intentó sacudirse esa sensación, pero Juan pareció darse cuenta, ya que la miró y preguntó,

—¿Algo va mal?

Lo miró con sorpresa.

—¿Por qué lo preguntas?

—Es sólo que de repente te he notado un cambio, como si se nublase un día soleado.

María se acordó de sus clases de educación emocional: «Di lo que sientas. Pide lo que quieras. No hagas juegos de poder». Su tendencia era a mentir, a desechar sus temores repentinos, y a seguir intentando recuperar el pájaro coloreado de la pasión. Pero volvió a sus lecciones: «Di lo que sientes». «Pide aquello que quieras». Se dio cuenta de que debería haber dicho a Juan lo excitada que estaba y que tenía miedo de descubrirse en exceso, de darse demasiado, de perder su poder.

A pesar de todo dijo:

—De repente me dio miedo estar tan excitada, demasiado expectante.

Juan aparcó en un hueco de la calle por la que iban y la miró.

—¿A qué tienes miedo?

—Te diré lo que temo si tú me dices cómo te sientes. ¿Estás excitado? ¿Sientes pasión?

—En realidad no he dejado de pensar en ello, pero ahora que lo hago, creo que me darían miedo las mismas cosas que a ti. Me preocupa que echemos un buen rato y que estés demasiado excitada, y que te enganches y te vuelvas dependiente, y que entonces estaré atrapado por tus emociones. Pero no quiero pensar en negatividades como esa, y creo que tú tampoco deberías. ¿Por qué no seguimos y disfrutamos el uno del otro?

María estuvo mucho rato callada. Juan esperó su respuesta. A ella le agradaba su silencio, su disposición a darle tiempo para pensar y formarse una opinión. Demasiadas veces en situaciones similares con un hombre su experiencia había sido recibir un torrente de palabras que la apabullaban temporalmente.

Finalmente, ella dijo:

—Te agradezco que me des tiempo para pensar. Mira, Juan, no me interesa hacer esto a lo loco; quiero que sea bueno y quiero recordarlo como algo bueno. Creo que eres muy atractivo. No quiero exagerar, ni me quiero enganchar. No me quiero volver dependiente de ti, y no quiero que ignores tus sentimientos ni los míos.

Tan pronto como terminó de hablar, le pareció que había cometido un gran error. Ese flujo maravilloso, esa excitación, parecía haber cesado atascada en una confusión emocional. Se maldijo a sí misma y a su obsesión por analizar todo lo relacionado con las emociones, lo que según su marido había arruinado su matrimonio. Estaba pensando en algún gesto de disculpa cuando Juan respondió:

—Sé lo que dices. Me interesa. Me doy cuenta de que es importante. Tengo mucho que aprender.

Cuando llegaron a la casa de María ella le invitó a un cafecito. Se tumbaron en el sofá, y tras hablar por un rato se despidieron con promesas de volver a verse.

Tras varias citas, finalmente tuvieron sexo; fue glorioso según María, y espectacular según Juan.

Entretanto, habían intercambiado opiniones sobre sus respectivos deseos para la relación y sobre qué querían el uno del otro. Juan tenía otra amante, Carla, una mujer casada a la que su marido le consentía su deseo de tener un escarceo sexual con él. María le gustaba muchísimo, pero aún no estaba preparado para dejar su relación con Carla. Quería conocer mejor a María y pasar algo más de tiempo con ella. La encontraba extremadamente atractiva y deseable y estaba especialmente interesado por su conocimiento sobre el feminismo y la educación emocional.

María no tenía claro cómo se sentía respecto a la relación de Juan con Carla. De momento le provocó que quisiera buscar otro amante para nivelar las cosas, pero se daba cuenta de que eso era sólo una maniobra defensiva, un juego de poder si quieres, para ver si conseguía que Juan dejase a Carla. Decidió que en tanto lo pudiera sentir así, él sería una influencia positiva para su vida, que cuidase de sus necesidades, y que mientras fueran las cosas bien seguiría con Juan a pesar de todo.

A María le agradaba especialmente el trato de Juan con sus hijos. Él también había estado casado y tenía una niña, y no tenía interés alguno en tener otro hijo; se había quedado sin su hija, quien vivía con su esposa en la otra punta del país y a la que veía durante los breves periodos de vacaciones del colegio. María temía que como le había sucedido con otros hombres él estuviera interesado en sus hijos y en ella sólo por eso. Pero en cambio su interés era algo real, y le agradaba especialmente Lola, la mayor, que tenía seis años.

Sobre todo, tanto Juan como María estaban sumamente atraídos por las nociones de la relación cooperativa, aquella que funciona sin juegos de poder ni secretos, y en la que ambas partes aportan con igualdad y en la que no hacen cosas que no quieren hacer. A los dos les pareció que estaban preparados para una relación así, incluso aunque no supieran si realmente podrían llevarla a cabo. En consecuencia, Juan estaba ansioso por escuchar de María todo lo que ella estaba aprendiendo sobre relaciones cooperativas en su grupo de resolución de problemas.

Juan era algo solitario, absorbido por su trabajo. Le encantaba reunirse con el círculo de amistades de María. Los amigos de María estaban envueltos en varias aventuras de cooperación como centros de salud, escuelas, y un banco de alimentos. Todas estas personas, aunque diferentes en muchas cosas, tenían en común un deseo de vivir en un entorno de colaboración, libre de jerarquías y juegos de poder, de los cuales se habían hartado con el paso de los años. Juan y María acudían ocasionalmente a las cenas y fiestas con la gente que participaba en la red de actividades cooperativas de su ciudad. A él le sorprendió encontrar que había una subcultura activa en la que todos compartían unos ideales básicos de cooperación y en la cual todos se conocían y eran amigos entre sí.

Tras seis meses pasando juntos mucho tiempo, Juan y María decidieron que al menos les gustaría mudarse para estar más cerca ya que vivían a treinta minutos el uno del otro, cada uno en una punta de la ciudad. Juan había pasado la mayor parte del tiempo en casa de María por sus hijos pero no estaba satisfecho con el arreglo y con todo lo que tenía que conducir. María también quería pasar más tiempo con él en su casa pero, nuevamente, estaba demasiado lejos. Hablaron de irse a vivir juntos pero sintieron que no era exactamente eso lo que querían. No apreciaban la idea de lo que parecía ser otro matrimonio tan pronto después de sus divorcios. Se habían enamorado y también habían recobrado juntos el amor pero en este momento no estaban preparados para comprometerse en esa clase de núcleo familiar, ni tenían claro si lo iban a estar. Por otra parte, estaba claro que les sería ventajoso económicamente vivir bajo el mismo techo. Podían compartir el alquiler, reducir el uso del automóvil, y el dinero, siempre necesario, se podría usar con otros propósitos.

Comentaron su dilema con sus amistades, pidiéndoles ideas sobre qué hacer. Uno de sus amigos les habló de Clara, quien tenía una casa enorme en la que hacía poco había estado viviendo con mucha gente. Puede que le interesase vivir con los dos y con los hijos de María. El alquiler podía ser mucho más barato que dos casas o dos apartamentos separados, y no obstante no estarían en esa clase de situación aislada y confinada que normalmente se asocia a vivir bajo el mismo techo. Juan y María lo reflexionaron, quedaron con Clara, y le dieron un vistazo a la casa. Cada uno podía tener su habitación, y los niños podían tener su habitación junto a la de Eric, el hijo de Clara. Tendrían la privacidad que necesitaban. Les agradaba la idea de almorzar con el resto de la casa, preguntándose qué harían cuando quisieran comer ellos solos o si quisieran una intimidad auténtica. Cuando los aspectos económicos de la situación fueron examinados con detalle, quedó claro que merecía la pena intentarlo. Luis, el hijo de María, conocía de la escuela a Eric, el de Clara, y le gustaba la idea de vivir con él. Lola no estaba tan entusiasmada pero le agradaba la idea de vivir con Juan. La casa estaba en una zona preciosa, un buen barrio, cerca de la escuela, así que Juan y María se acercaron a ver a la «familia» de Clara para que los admitieran. Se preparó una reunión con todos los componentes: Clara, sus dos compañeras de piso, Eric, Juan, Lola y Luis.

La casa en la que vivían estaba organizada de acuerdo a las guías maestras de las familias cooperativas. Sin juegos de poder, sin Rescates*, sin mentiras ni secretos.

Se hacían reuniones con regularidad, y al comienzo la gente se comprometía a someterse a las consideraciones y críticas de sus compañeros de casa cuando las cosas no fueran bien. Acordaron ser francos con los sentimientos y para-

---

* Se define un Rescate como una situación en la cual alguien (a), hace algo que no quiere hacer o (b) hace más de lo que le corresponde en una situación dada. Se puede encontrar una descripción completa de las líneas básicas para una vida cooperativa en *Manual on cooperation*, escrito por mí.

noias de los demás, y si el problema crecía, acordaron acudir a la mediación, un proceso diseñado para resolver problemas relativos a las dificultades interpersonales. La casa era propiedad de Clara, pero todo el mundo compartía la idea de que no tendría ni más ni menos derechos que cualquiera, con la excepción a su derecho a venderla con un aviso previo de seis meses. Ella obtendría una buena cantidad por el alquiler y por lo tanto sería una igual entre pares, compartiendo el poder y la toma de decisiones. Tras muchas preguntas y respuestas entre los participantes, Juan, María, y los niños fueron bienvenidos al grupo y se mudaron. Pero antes de decidir mudarse, María se dio cuenta de que no quería seguir viviendo en una situación en la cual Juan tendría otras amantes y finalmente decidió pedirle que se comprometiese a una relación monógama.

JUAN

Antes de que se conocieran, Juan había sido extrañamente infeliz. Después de todo, se había liberado de un mal matrimonio, tenía un buen trabajo, tenía un buen sueldo, se había comprado el nuevo deportivo que siempre quiso tener, estaba en un bonito apartamento de soltero y tenía una amante considerada, tierna y poco exigente. Así que, ¿por qué estaba insatisfecho? No era su estilo cuestionarse las cosas en busca de respuestas, pero se daba cuenta de que lo había hecho, y a pesar de que estaba trabajando más duro y ganaba más que nunca, tenía menos dinero y estaba más endeudado de lo que lo había estado alguna vez. En realidad nunca se había sentado a hacer un presupuesto pero intuía que su seguro médico, sus impuestos por rentas altas, junto a la gasolina, el seguro a todo riesgo y los recibos de su lujoso coche, sus frecuentes comidas fuera, ropa de marca y los viajes de esquí estaban acabando con sus relativamente altos ingresos con más rapidez de lo que los cobraba. En ocasiones tenía la esperanza de poseer su propia casa, pero eso poco a poco se hacía cada vez más improbable. La mayoría de sus energías las consagraba al trabajo, donde consideraba que necesitaba llegar al máximo antes de los cuarenta. Su trabajo como especialista informático en una reputada firma informática era tremendamente estresante. El espíritu embriagante y superficialmente bueno que prevalecía en la empresa simplemente escondía la tensión competitiva, la constante carrera por la posición, y la escalera hacia el poder claramente definida con sus constantes y sutiles juegos de poder. Tras diez años de éxito moderado, estaba cansado de lo que cada vez más sentía como una carrera de ratones. Se culpaba a sí mismo; había perdido ambición, no era un auténtico competidor.

Pero ninguno de esos pensamientos era en realidad consciente para él. Sólo sabía que era extrañamente infeliz.

Su relación con Carla había cubierto perfectamente sus necesidades desde que se conocieron en el último año de su matrimonio. Se habían conocido en el trabajo y su distante relación laboral se convirtió en una aventura apasionada y repentina. A diferencia de Juan, Carla estaba a gusto con su matrimonio y le agradaba su marido, quien estaba al tanto de su relación con Juan. Juan, cansado de su matrimonio, no quería un asunto a largo plazo, pero necesitaba la excitación de la relación para tener el valor de dejar a su esposa. La aventura amorosa de Carla y Juan se convirtió en una amistad sexual que les vino bien. Más o menos se veían cada mes para pasar tardes de intimidad. A los dos les gustaba bailar, los pequeños viajes, y darse mucho el uno al otro pidiéndose muy poco. Juan aprendió de Carla que una mujer puede ser fuerte y autosuficiente. Aprendió a escucharla cuando hablaba de sus sentimientos y aprendió a hablar de los suyos propios. Estaban muy a gusto, se gustaban, y se tenían confianza.

Pero incluso este aspecto de la vida de Juan parecía últimamente gris e inerte. Se lo planteaba como que más o menos quería a Carla. Como decía Woody Allen: «Una relación es como un tiburón, si no se mueve se muere». En general, las cosas no habían estado moviéndose. Encontrar a María había cambiado todo eso. Al principio se lo tomó como algo pasajero, si bien adorable. En ningún lugar de su guión vital había un sitio para un compromiso serio con una mujer tan diferente a él. María no se ponía maquillaje ni usaba tacones altos aunque su vida dependiera de ello, su ropa era un tanto exótica (la mayoría sacada de tiendas de segunda mano y puestas al día), y su comida era algo peculiar. Se movía efusivamente y se reía con estruendo, sus orgasmos eran cataclísmicos, su automóvil era una vergüenza pública, y se negaba a tomar píldoras anticonceptivas. También era distinta a las mujeres que había conocido en el trabajo. Le fascinaba el hecho de que, a diferencia de relaciones previas en la cual la atracción máxima se daba al principio, cuanto más conocía a María más le gustaba. Le dejaba pasmado su honradez y su entusiasmo por ella era constante. Era capaz de adaptarse a las variadas y chocantes ideas que ocasionalmente profería. «Si no pidiera lo que quiero estaría mintiendo». «Los sentimientos son un hecho, la paranoia es una conciencia exacerbada, hay que contar con la intuición». «Ciencia, tecnología, conocimiento médico, leche y carne, y el Sueño Americano está en quiebra». «Necesitamos ideas mejores, y mejor que no esperemos a que Ford las traiga».

—Sabes, María —le dijo una vez—, si alguien me hubiera dicho hace un año que pensaría seriamente en mudarme a una casa cooperativa con una mujer y sus dos niños, le habría dicho: «Estás loco, mejor que repases tu bola de cristal; necesita una revisión».

A lo que María sonrió ladinamente y respondió:

—Si piensas que el último año ha sido sorprendente, espera a ver lo que viene. No quiero que me llames loca, así que no te lo diré. Ponte el cinturón de seguridad porque para empezar te quiero pedir una cosa muy importante.

Y le explicó su deseo de tener una relación monógama.

Juan contaba con tener que cambiar. Tenía tendencia a ser desordenado en la cocina y en el cuarto de baño. Eso sería inaceptable para las mujeres de la casa. Él aprendería a mantener la cocina recogida pero no esperaba tener que cambiar sus predilecciones sexuales. Intentó desestimar las demandas de María pero ella se mantuvo firme. Pidió algo de tiempo para pensárselo pero tan pronto como tuvo un instante de reflexión se dio cuenta de que estaba deseando aceptar las peticiones de María. Acogió con agrado la oportunidad de centrar su atención sexual en una sola persona y dejar de ser un «jugador». Estuvo de acuerdo y se dio cuenta de que una vez que se había decidido a ser monógamo nunca volvería la vista atrás, y encontró que la exclusividad con María era cómoda y reconfortante. Habló con Carla y le contó su deseo de dejar de tener sexo con ella. Sorprendentemente, Carla estuvo de acuerdo; llevaba un tiempo queriendo estar más unida a su marido. Decidieron seguir simplemente como amigos, sin sexo.

Se mudaron a la casa de Clara, y a medida que su relación se asentaba, iban empezando a comportarse como una pareja casada y a experimentar un retorno a sus viejos patrones. Se descubrieron escondiendo a veces sus sentimientos, otras haciendo cosas que en realidad no querían hacer; pero ya que así lo habían acordado y porque realmente así lo querían, continuamente luchaban contra esas tendencias, hablando entre ellos, solicitándose completa honradez, y siendo reacios a tolerar juegos de poder y Rescates cuando los veían venir. Intentaban estar dispuestos a las críticas del otro y a hacer un esfuerzo para atender los comentarios y reacciones de sus compañeros de casa y amigos. En estas cuestiones María tendía a ser la profesora, con Juan como alumno predispuesto.

Con el paso del tiempo Juan se dio cuenta de que esa nueva relación con María y los cambios en su estilo de vida se estaban volviendo rápidamente contradictorios con los requisitos de su trabajo. En el trabajo él era un engranaje de una máquina estrictamente jerárquica. Era un buen trabajo, un trabajo que frenaba su creatividad, y precisamente por ello le gustaba. Por otra parte, el vacío emocional que el trabajo representaba y la aceptación requerida a los juegos de poder y de las mentiras para cualquiera que trabajase allí comenzaban a ser un problema para él.

Lectrix, la empresa de Juan, tenía bastante éxito y funcionaba bajo la asunción de que su éxito tenía algo que ver con su estructura competitiva y autoritaria. Los empleados de Lectrix estaban organizados en lo que a la gente le gustaba llamar una «familia», aunque en verdad funcionaba más como un equipo de fútbol profesional. Empezó a ver que el éxito de la compañía tenía más que ver con una afortunada combinación de individuos creativos y condiciones de mercado que con la manera en que estaba estructurada. De hecho, le parecía que a Lectrix le estaban empezando a hacer daño algunos de sus fundamentos competitivos. Varias empresas competidoras estaban pugnando con Lectrix, y la pérdida de calidez y confianza en el trabajo estaban creando estrés, absentismo, y dolencias. Sentía que no podía tolerar por más tiempo las contradicciones entre su vida privada y la laboral. Decidió que o cambiaba el entorno en el trabajo o cambiaba de trabajo. Dada su antigüedad en el puesto y ya que era respetado por sus colegas, tenía fe en que se le escucharía cuando propusiera algunos de los cambios que tenía en mente. Se concedió un año para lograr esos cambios, tras los cuales y si no tenía éxito buscaría trabajo en cualquier lado, o probablemente fundaría su propia empresa en la cual la gestión democrática, la cooperación, y la honradez serían una parte fundamental de su funcionamiento. Tenía confianza en que esto fuera posible, ya que había observado a María en su puesto de trabajo, una cooperativa que explotaba una librería con mucho éxito en su gremio y que funcionaba de acuerdo a aspiraciones y reglas de cooperación, y organizada de manera no jerárquica. Estaba entusiasmado por la idea de hacer su lugar de trabajo una parte agradable de su vida en la cual sentirse implicado y poderoso.

Una tarde, cuando Juan volvía a casa, él y María tuvieron un incidente repentino y desagradable. Habían tenido una desavenencia amable sobre cuáles eran las responsabilidades de Juan respecto al cuidado de los niños de María. Pero esa tarde, con ambos agotados por el trabajo, su desacuerdo estalló en batalla a campo abierto.

Juan había acordado compartir el cuidado de los niños con María; lo justo para que no estuviera de forma clara. Recientemente y con frecuencia, fue recortando las expectativas de María. Cuando llegó a casa y ella le pidió que estuviera un rato con Lola, él la ignoró, simulando no escucharla.

—¿Me has escuchado? Te he pedido que vigiles a Lola.

—Sí.

—¿Y por qué no me respondes?

—No lo sé. No tenía ganas.

—¡Qué clase de razón es ésa!

—Es una razón tan buena como otra cualquiera.

—¿Qué quieres decir?

—Que no *tengo* por qué cuidar a Lola, ¿no?

—Vaya, esto está interesante. ¿Qué más tampoco tienes que hacer? ¿Tienes que joderme? Y si lo haces, ¿tienes que perseverar?

Juan la miró aturdido. Estaba a punto de volver con un embuste cuando María dijo, «Lo siento, esto no está bien. Esto hay que hablarlo más tranquilamente».

Pero Juan estaba dolido. Se daba cuenta de que recientemente su vida sexual, tan maravillosa al principio, se estaba volviendo algo rutinaria. Empezó a suceder cada vez más a menudo que a María le apetecía tener sexo y Juan prefería que no. Al principio esto no fue un problema ya que Juan en verdad disfrutaba del sexo con María, pero un par de veces se había dejado llevar cuando en realidad no tenía ningún interés. Empezó a ser consciente de su inesperada pérdida de interés, y no la había comentado en confianza, violando por tanto su acuerdo de cooperación con María. María comenzó a notarlo y le preguntó si algo iba mal. Juan lo negó, sabiendo en ese justo instante que estaba cometiendo un gran error. Ella aceptó su negativa, pero sus sensaciones continuaban y ella se amoldaba, a veces estando seriamente preocupada por si ya no le resultaba suficientemente atractiva, por si ya no la amaba.

Una cosa en particular, y aunque sobre ella no había un acuerdo claro, era la continua merma en la atención de Juan a los niños. Ahora estaba francamente enfadada y se daba cuenta de que la situación necesitaba una revisión profunda.

Juan y María estaban de acuerdo en que necesitaban una mediación[*]. María contactó con la facilitadora de su grupo, quien les recomendó a uno de sus colegas ya que Juan prefería trabajar con alguien que conociera a ambos por igual. Se concertó una cita con Mario, quien les pidió que vinieran a la reunión preparados para compartir cualquier sentimiento que no hubieran expresado, cualquier Rescate en el que se hubieran envuelto, y cualquier fantasía paranoide que tuvieran el uno del otro.

Se reunieron por la tarde tras finalizar la jornada laboral en casa de Mario. Tras una breve charla, Mario comenzó:

—Comencemos comprobando e intercambiando sentimientos, fantasías paranoides, y Rescates. ¿Quién se arranca?

Se ofreció Juan:

—Tengo algo. María, ¿estás preparada?

María asintió con la cabeza con nerviosismo.

—María —dijo Juan—, tengo la sensación de que fuiste injusta conmigo el otro día, y que eso me hizo sentir mal.

Mario interrumpió.

—Espera, exprésalo claramente; ¿qué hizo María y qué te hizo sentir? Cuando dices que sientes que María fue muy injusta contigo no estás hablando de un sentimiento, nos estás dando una opinión sobre su comportamiento. ¿Qué sentiste? Sentirse mal no es algo concreto. ¿Cuál exactamente fue el sentimiento?

Juan lo reflexionó.

—Me sentí enojado.

---

[*] Véase *Solving problems together* por Hogie Wyckoff y *A manual on mediation* por Becky Jenkins y Claude Steiner sobre el proceso de la mediación en detalle.

—¿Sentiste algo más?

—Realmente, al principio sentí dolor y tristeza. Luego me puse furioso.

—Vale, ahora sabemos cómo te sentías. ¿Cuándo sentiste esto? ¿Qué hizo María para provocar que te sintieras así?

Juan se volvió a María.

—María, cuando me preguntaste «¿Qué más tampoco tienes que hacer? ¿Tienes que joderme?» me puse furioso y dolido.

María asentía en silencio. Tras un breve silencio, respondió.

—Tengo una fantasía paranoica para ti, ¿quieres oírla?

Juan afirmó con la cabeza.

—Sí.

María suspiró profundamente y dijo:

—Juan, temo que me estás mintiendo sobre nuestra relación y que se te están quitando las ganas de estar conmigo, y que te gustaría regresar con Carla.

Juan se recostó en el asiento meditabundo. Tras un tiempo dijo:

—La verdad es que de vez en cuando pienso en Carla. Pero no María, no se me están quitando las ganas de estar contigo. De verdad. Nunca podría preferir a Carla antes que a ti. La pizca de verdad en tus sospechas es que te mentí cuando me preguntaste hace un par de semanas si algo iba mal, ya que te debería haber dicho entonces lo que te quiero decir ahora. Tiene que ver con el sexo. ¿Lo quieres oír?

—Sí —dijo María—. Por favor.

Entonces tomó aire, miró a Mario, y dijo:

—Tengo miedo.

Mario la miró con preocupación.

—¿Estás bien? ¿Necesitas algo?

—Estoy bien. Adelante Juan, quiero escucharlo.

—Bueno, María, no sé que está pasando, pero últimamente he estado preocupado porque a veces, a mitad del sexo, pierdo interés y comienzo a perder la erección, lo que realmente me asusta. Por eso a veces no quiero tener sexo, porque me da miedo que vaya a pasar eso.

Mario preguntó:

—¿Por qué piensas que se quitan las ganas? ¿Es por algo que haga María?

—Pues no lo sé, ella logra abandonarse tanto en el sexo que por alguna razón me molesta.

María estalló.

—¿Y qué tiene de malo? ¿Me excito demasiado para ti?

Mario intercedió.

—Relájate María; no saques conclusiones.

Volviéndose hacia Juan le preguntó:

—¿Por qué piensas que se te quitan las ganas?

—No lo sé.

—Piénsalo, ¿Por qué?

Juan reflexionó durante un buen rato.

—Creo que me da miedo que se quede embarazada. Sé lo que siente María sobre abortar y lo desquiciante que le resultó el aborto que tuvo hace unos años, la tristeza que le produjo, y no quiero verme en eso. Cuando empiezo a pensar que se va a quedar embarazada, no puedo dejar de pensarlo y se me quitan las ganas. No sé; todo es muy confuso. La única vez que me siento bien con el sexo es cuando María tiene el periodo y estoy seguro que no se va a quedar embarazada.

María comenzó a llorar. Tras un rato levantó la mirada y dijo:

—Me siento tan aliviada de que sea eso lo que suceda. He estado teniendo pensamientos similares. Tampoco quiero quedarme embarazada. Te quiero, Juan; no me importa si follamos o no.

A través de sus lágrimas lo miró y con una sonrisa le dijo:

—Bueno, eso es un poco fuerte. Ya sabes lo que quiero decir. ¿Qué vamos a hacer?

La mediación continuó durante dos horas más en las cuales compartieron otros sentimientos sobre el cuidado de los hijos, sobre Carla, y sobre su compromiso.

A medida que intercambiaban sus sentimientos, el problema se hizo claro. El compromiso de María y Juan estaba profundizándose. Ninguno de los dos querían más hijos. Que Juan se hiciera la vasectomía se convirtió en una posibilidad real como medio de ocuparse de sus problemas sexuales. Él había estado contemplando esa alternativa durante unos años, y parecía que había llegado el momento.

Juan estaba formalmente comprometido a compartir el cuidado de los niños con María, pero no al cincuenta por ciento, por lo que lo fijaron en una tercera parte. Respecto a Carla, María consideraba que era una buena amiga de Juan y que no quería interferir con su amistad ahora asexual. A veces sentía celos, pero con un poco de atención extra por parte de Juan, sabía que no sería un problema real. Disfrutaba el tiempo que pasaba sin Juan en las tardes ocasionales que él quedaba con Carla, y no lo quería cambiar para atender los punzantes celos ocasionales que eso le provocaba. Le daba una sensación de libertad e independencia saber que tanto ella como Juan se daban la oportunidad de tener otros amigos. La mediación terminó con María y Juan abrazándose y sintiendo un amor y afecto mutuo. Tras agradecer y reconocer a Mario un trabajo bien hecho, se fueron a cenar una buena mariscada para celebrar lo bien que se sentían.

La mediación funcionó. Juan se hizo la vasectomía y se encargó religiosamente del cuidado de los niños; realmente disfrutaba mucho de ellos. Su vida sexual se puso en línea. Con el paso del tiempo, Juan dejó su trabajo y se hizo consultor externo para empresas informáticas. Sus ingresos sufrieron un recorte, pero sus gastos estaban ajustados y disfrutaba de su independencia. En su tiempo libre, trabajó en un viejo edificio de apartamentos que compraron entre él, María, y algunas personas más en régimen de cooperativa, y lo transformaron en un hogar cooperativo al estilo del de Clara, sólo que con apartamentos separados y con uno de los apartamentos remodelado como una gran cocina en común. Tras años de convivencia, Juan y María se maravillaban de lo bien que les iba. En ocasiones les parecía que siempre vivirían felices (bueno, casi siempre; no siempre era todo perfecto y de vez en cuando visitaban a Mario para renovar acuerdos y resolver conflictos).

Fin

BIBLIOGRAFÍA

Americans for Democratic Action, A Citizen's Guide to the Right Wing. 1411 K Street N.W., Washington, D.C., 1978.

Berne, Eric, *Beyond Games and Scripts*. New York: Grove Press, 1976.

Berne, Eric, *Games People Play*. New York: Grove Press, 1964.

Berne, Eric, *Transactional Analysis in Psychotherapy*. New York: Grove Press, 1961.

Caro, Robert A., *The Power Broker*. New York: Knopf, 1974.

Castaneda, Carlos, *A Separate Reality*. New York: Simon and Schuster, 1971.

Castaneda, Carlos, *Tales of Power*. New York: Touchstone, 1976.

Cooker, Virginia, *et al*, *Resource Manual for a Living Revolution*. Philadelphia: Movement New Society, 1978.

Craig, James H. y Marguerite, *Synergic Power*. Berkeley: Proactive Press, 1974.

Domhoff, G. William, *The Bohemian Grove and Other Retreats*. New York: Harper and Row, 1975.

Dyer, Wayne, *Pulling Your Own Strings*. New York: Avon Books, 1979.

Freundlich, Paul, y otros, *Guide to Cooperative Alternatives*. Louisa, Virginia: Community Publications Cooperative, 1979.

Friedman, Mayer, y Pusenman, Ray, *Type A Behavior and Your Heart*. New York: Fawcett, 1978.

Haley, Jay, *The Power Tactics of Jesus Christ and Other Essays*. New York: Avon Books, 1969.

Haragan, Betty, *Games Mother Never Taught You*. New York: Warner Books, 1978.

Henley, Nancy, *Body Politics*. New Jersey: Prentice-Hall, 1977.

Hitler, Adolph, *Mein Kampf*. Boston: Houghton Mifflin, 1962.

Hutschnecker, Arnold, *The Drive for Power*. New York: M. Evans,

1974.

Jenkins, Becky, y Steiner, Claude, *Mediations*. Berkeley: I.R.T. Press, Box 5039, Berkeley, CA 94705, 1980.

Kerr, Carmen, *Sex for Women*. New York: Grove Press, 1977.

Korda, Michael, *Male Chauvinism!* New York: Random House, 1973.

Korda, Michael, *Power!* New York: Random House, 1975.

Korda, Michael, «Psychodynamics of Power», *Mainliner*, March, 1977.

Korda, Michael, *Success!* New York: Random House, 1977.

Kropotkin, Peter, *Mutual Aid*. Boston: Extending Horizon Books, 1976, reproduction of 1904 edition.

Laing, Ronald D., *The Politics of the Family*. New York: Pantheon Books, 1971.

Lerner, Michael, «Surplus Powerlessness». *Social Policy*, February, 1979.

Machiavelli, Nicolo, *The Prince*. New York: Dutton, 1958.

May, Rollo, *Power and Innocence*. New York: W. W. Norton, 1972.

McClelland, David, *Power: The Inner Experience*. New York: Irvington Publishers, 1975.

Milgram, Stanley, *Obedience to Authority*. New York: Harper and Row, 1974.

Mintz, Morton, y Cohen, Jerry S., *America, Inc., Who Owns and Operates the United States*. New York: Dial, 1971.

Mintz, Morton, y Cohen, Jerry S., *Power, Inc.* New York: Bantam, 1977.

Morrisson, R.H., *Why Sons of Bitches Succeed and Why Nice Guys Fail in Small Business*. New York: S.M.A. Publishers, 1973.

Newfield, Jack, y Du Brul, Paul. *The Abuse of Power*. New York: Viking, 1977.

Newman, Mildred, y Berkowitz, Bernard, *How to be Your Own Best Friend*. New York: Ballantine, 1974.

Ringer, Robert, *Looking Out for No. 1*. New York: Fawcett, 1977.

Ringer, Robert, *Restoring the American Dream*. New York: Fawcett, 1979.

Ringer, Robert, *Winning Through Intimidation*. New York: Fawcett, 1974.

Rogers, Carl, *On Personal Power*. New York: Delacorte Press, 1977.

Rosenberg, Marshall, *From Now On*. St. Louis: Community Psychological Consultants, 1740 Gulf Drive, St. Louis, MO 63130,

1979.

Schwebel, Robert, «Blaming Yourself and Shared Responsibility», *Issues in Cooperative Power*, 1:4, Winter, 1980.

Smith, Manuel J., *When I Say No I Feel Guilty*. New York: Dial, 1975.

Steiner, Claude, «Feminism for Men». Berkeley: I.R.T. Press, n.d.

Steiner, Claude, *Healing Alcoholism*. New York: Grove Press, 1980.

Steiner, Claude, «Manual on Cooperation». Berkeley: I.R.T. Press, n.d.

Steiner, Claude, *Scripts People Live*. New York: Grove Press, 1974.

Steiner, Claude, «Radical Psychiatry Manifesto», en Claude Steiner, ed., *Readings in Radical Psychiatry*. New York: Grove Press, 1974.

Wyckoff, Hogie, *Solving Problems Together*. New York: Grove Press, 1980.

Wikse, John R., *About Possession: The Self as Private Property*. University Park and London: Pennsylvania State University Press, 1977

ÍNDICE

Tercera Parte
Abandonar el Control

www.jederlibros.com

Visite nuestra web para más información sobre nuestra labor editorial, novedades y títulos en preparación, información de interés sobre el análisis transaccional y un amplio catálogo en nuestra sección de librería especializada en títulos de AT. También podrá descargar en PDF extractos de todos nuestros títulos.

Regístrese en la sección «Librería» de nuestra web. Tiene muchas ventajas.

JEDER ya está en *Facebook*. Busque «Editorial Jeder»

Relación de Títulos Publicados:

- *El otro lado del poder.*
  Análisis transaccional del poder personal.
  Claude Steiner
- *El corazón del asunto.*
  Amor, información y análisis transaccional.
  Claude Steiner
- *La intuición y el análisis transaccional.*
  Eric Berne
- *A Montreal Childhood.*
  Eric Berne

Editorial Jeder
[jeder: uno cualquiera]
Sevilla – España

www.ingramcontent.com/pod-product-compliance
Lightning Source LLC
Chambersburg PA
CBHW031503270326
41930CB00006B/226